教職シリーズ 3

新井邦二郎・新井保幸 監修

教育内容・方法

[改訂版]　根津朋実・樋口直宏 編著

培風館

◆ 執筆者一覧 ◆

（2023年3月現在）

根津　朋実（ねつ ともみ）	早稲田大学教育・総合科学学術院教授 〔編者，1, 2, 5, 6, 7章〕	
樋口　直宏（ひぐち なおひろ）	筑波大学人間系教育学域教授 〔編者，11, 16章〕	
緩利　誠（ゆるり まこと）	昭和女子大学全学共通教育センター准教授 〔3, 4章，10-3節〕	
安藤　福光（あんどう よしみつ）	兵庫教育大学大学院学校教育研究科准教授 〔8, 9章，10-1節〕	
金　珆淑（きむ ひょんすく）	聖徳大学教育学部准教授 〔10-2節〕	
桂　直美（かつら なおみ）	東洋大学文学部教授 〔12章〕	
助川　晃洋（すけがわ あきひろ）	国士舘大学文学部教授 〔13, 18章〕	
早坂　淳（はやさか じゅん）	長野大学社会福祉学部教授 〔14章〕	
飯塚　久男（いいつか ひさお）	専修大学非常勤講師 〔15章〕	
李　禧承（い ひすん）	桐蔭横浜大学スポーツ健康政策学部 スポーツ教育学科准教授 〔17章〕	
小嶋　季輝（こじま としき）	中京大学教養教育研究院准教授 〔19章〕	
吉江　森男（よしえ もりお）	筑波大学人間系教育学域　元教授 〔20章〕	

本書の無断複写は，著作権法上での例外を除き，禁じられています。
本書を複写される場合は，その都度当社の許諾を得てください。

◆「教職シリーズ」の刊行に寄せて ◆

　私たち監修者は大学にて教職科目を担当してきた教育学や心理学の教員です。今回，培風館から「教職シリーズ」として次のような本を刊行します。

1. 『教職論』（編者：新井保幸・江口勇治）
2. 『教育基礎学』（編者：新井保幸）
3. 『教育内容・方法』（編者：根津朋実・吉江森男）
4. 『道徳教育論』（編者：高橋勝）
5. 『特別活動』（編者：林尚示）
6. 『生徒指導・教育相談』（編者：庄司一子・佐藤有耕）
7. 『進路指導』（編者：新井邦二郎）

　なお，『教育心理学』については，培風館の「心理学の世界」シリーズの『教育心理学』（新井邦二郎・濱口佳和・佐藤純　共著）として既刊されていますので，ご利用ください。

　文部科学省がまとめた「魅力ある教員を求めて」を見るまでもなく，教員の資質向上は常に求められています。学生は大学を卒業して教員として採用されると，即実践の場へと向かわなければなりません。教職として必要な知識をしっかりと学べるのは，大学時代に限られています。そこで本シリーズでは，魅力ある教員となるのに必要な知識とともに，実践の場でも役立てることができるような情報を取り込んでいます。また，教員採用試験直前になって本シリーズの本を振り返ることで試験対策となり，現場に立ってから本シリーズを振り返っても有益となるような情報がまとめられています。

　今日，日本の教育が大きな曲がり角に直面していることは誰もが認めるところです。その主な原因として，社会そのものの急速な変化をあげることが

できます.そのために,学校も家庭も変わらざるをえなくなり,教師や子どもの意識も大きな変化をみせています.しかし社会がどのように変わろうとも,教育の本質は子どもたちの幸福への願いです.それゆえ,子どもの幸福に貢献できるような教師に成長しなければなりません.本シリーズがそのために少しでも役立つことができれば幸いです.

最後になりましたが,本シリーズの出版の最初から最後までサポートしてくださった培風館編集部の小林弘昌さんに御礼を申し上げます.

　　　　監修者
　　　　　新井邦二郎（筑波大学名誉教授,東京成徳大学応用心理学部教授）
　　　　　新井　保幸（筑波大学大学院人間総合科学研究科教授）

◆ 編者序文 ◆

　児童・生徒の将来にはさまざまな可能性がある。基本的には生き方や職業を自由に選んでいくことができる。しかし，その途次ではいろいろな課題を解決していく必要がある。社会の中で自立した一員として生活し与えられた役割を果たしていくうえでも，日々課題がある。そして社会そのものにも，社会・経済，地球環境，国際社会における日本の役割などさまざまな問題がある。これらの問題を，個人で，また仲間と共同で解決していく必要がある。これらの課題に取り組んでいくためには，文化の多様な側面を理解し，必要な技能を身につけ，価値を評価できる力が必要であり，さらに困難にめげない精神力を養う必要がある。

　児童・生徒は知的な力，情緒，体格や運動技能など個人差がある。それぞれ個性をもった児童・生徒が社会の一員として成長する場としての学校では，教育の質的向上，そして，個性を伸長させる教育が求められる。このためには教師の実践的指導力の向上が必要である。本書では，学校教育を通じて児童・生徒によりよく学んでもらうためにはどのようにしたらよいかをいくつかの側面から考察しようとした。

　本書『教育内容・方法』は，いわゆる教員免許に必要な教職科目のうち，「教育課程及び指導法に関する科目」における「教育課程の意義及び編成の方法，教育の方法及び技術（情報機器及び教材の活用を含む）」に対応する。編者らの勤務先の場合，教職科目「教育内容・方法論Ⅰ」「同Ⅱ」が相当する。「Ⅰ」が教育課程，「Ⅱ」が学習指導・教育工学を，それぞれ中心的な内容とする。科目の名称や区分は異なっても，教職課程には同内容の科目（「教育課程論」「教育方法」等）が開講されるので，他大学でも使用可能である。

　本書は全体を第Ⅰ部と第Ⅱ部とに分け，前半で教育内容，後半で教育方法にあたる内容を別個に扱うこととした。もともと関連の深い分野なので，部分的に重複する内容や記述も散見されるが，編集に際し細かな調整は行わな

かった．それというのも，これら二つの科目がまったく独立して分かれているのではなく，相互に緊密な関連性をもつことを，読者に意識的に示したかったからである．

執筆者は，科目「教育内容・方法論Ⅰ」「同Ⅱ」の担当教員に加え，他大学で同種の科目を担当している方々にもお願いした．幸いにもご快諾いただき，文字どおり「若手」から「中堅」「ベテラン」まで，幅広い顔ぶれとなった．ご多忙中のご協力に，深謝申し上げる．同時に，編集の大役を仰せつかったものの，非才ゆえに編集作業が思うに任せず，執筆者ならびに出版社の方々には何かとご迷惑をおかけしたはずである．何とぞお許し願いたい．

執筆・編集の過程では，できるだけ新しい内容も盛り込みつつ，基本的な事項を網羅するよう配慮したつもりである．が，近年の学習指導要領の改訂や移行期間，また学校の情報化の急速な進展に象徴されるように，現在この分野は一種の過渡期にある．こうした状況も相まって，本書には思わぬ誤りや至らなさが多々あるかもしれない．本書で学ぶ学生諸氏，及び本書を用いる科目担当者の方々より，忌憚のないご意見やご批正を乞う次第である．

末筆ながら，本書の企画を提案された新井保幸先生，新井邦二郎先生，そして多岐にわたり労を執られた培風館の小林弘昌さんに，感謝したい．

2010年　初夏

編者　根津朋実・吉江森男

◆ 改訂にあたって ◆

　本書『教育内容・方法』は2010年7月の初版刊行後，幸いにも幾度か刷を重ねてきた。この間，教育委員会関連の法改正や，2017年以降の学習指導要領告示もあって，このたび改訂版を企画出版する運びとなった。改訂版の出版をご快諾いただいた，監修者の新井邦二郎・新井保幸両先生に，まずは御礼申し上げたい。改訂版では，編者や執筆者の交代が生じた。初版刊行に共編者として尽力された吉江森男先生，ならびに初版第8章執筆者の田中統治先生に，衷心より感謝申し上げる。末筆ながら，培風館の岩田誠司様，ならびに近藤妙子様にお世話になった。記して謝意を表す。

　2018年　師走

編者　根津朋実・樋口直宏

◆ 目 次 ◆

第Ⅰ部　教育内容 —————————————————— 1

第1章　プログラム・カリキュラム・教育課程　　2

+ 1-1　基本用語の関係　2
+ 1-2　プログラム　3
+ 1-3　カリキュラム　3
+ 1-4　教育課程　5

第2章　教育課程と学習指導要領　　10

+ 2-1　教育課程と学習指導要領との関係　10
+ 2-2　教育課程の編成と学習指導要領　11
+ 2-3　中学校の保健体育の例　14
+ 2-4　学習指導要領の「法的拘束力」「法的規範性」　16

第3章　教育課程行政のあらまし　　20

+ 3-1　教育課程行政の原則　20
+ 3-2　学習指導要領をめぐる教育課程行政　25
+ 3-3　教育課程行政の近年の動向　28

第4章　アメリカ合衆国のカリキュラム改革の動向　　30

+ 4-1　アメリカ合衆国のカリキュラム改革を学ぶ意義　30
+ 4-2　カリキュラム改革の歴史的変遷にみられる特徴　31
+ 4-3　アメリカのカリキュラム改革の歴史的変遷　32
+ 4-4　アメリカと日本のカリキュラム改革路線の「分岐」と「共通性」　39

第5章　学習指導要領の歴史的展開（1）
　　　　　――1947年版（試案），1951年版（試案）　　41

+ 5-1　学習指導要領の起源　41

+ 5-2 『学習指導要領解説 総則編』にみる改訂の経緯　41
+ 5-3 1947年版（試案）——中学校，社会科，自由研究，男女共学　42
+ 5-4 1951年版（試案）——教育課程，自由研究廃止，道徳教育，％　45

第6章　学習指導要領の歴史的展開（2）
　　　——1958年版，1968年版，1977年版　50

+ 6-1 再独立後から高度経済成長期の学習指導要領　50
+ 6-2 （試案）のない1958年版　50
+ 6-3 1968年版と「教育内容の現代化」　54
+ 6-4 「現代化」の反省と1977年版の「ゆとり」　56

第7章　学習指導要領の歴史的展開（3）
　　　——1989年版，1998年版，以降　59

+ 7-1 臨時教育審議会以降，20世紀末の学習指導要領　59
+ 7-2 臨教審と文部省　59
+ 7-3 1989年版——小学校「生活科」新設，高校「社会科」解体　61
+ 7-4 1996年中教審答申
　　　——生きる力，学校週5日制，総合的な学習の時間　62
+ 7-5 1998年版——「総合的な学習の時間」，高校の新教科導入　63
+ 7-6 1998年版以降
　　　——「総合的な学習の時間」批判，「学びのすすめ」　64

第8章　21世紀の学習指導要領　68

+ 8-1 本章のねらい　68
+ 8-2 2008年版学習指導要領改訂　68
+ 8-3 学習指導要領の一部改正　72
+ 8-4 2017年版学習指導要領　73

第9章　学習指導要領と教科書　78

+ 9-1 本章のねらい　78
+ 9-2 教科書とは　78
+ 9-3 教科書検定制度とは　80
+ 9-4 教科書採択とは　81

+ 9-5 教科書無償給与制度　85
+ 9-6 これからの教科書と教科書検定制度　85

第10章　教育課程改革をめぐる近年の動き　89

+ 10-1 総合的な学習の時間　89
+ 10-2 小学校への外国語教育導入の経緯と現状　93
+ 10-3 カリキュラム・マネジメント　98

第Ⅱ部　教育方法　103

第11章　教育方法学の意義と目標　104

+ 11-1 現代における教育方法学　104
+ 11-2 教育方法学の理念　107
+ 11-3 教育方法学研究の意義と課題　109
+ 11-4 教育方法学における研究方法　111

第12章　教材とその研究　115

+ 12-1 教材概念の再考　115
+ 12-2 教材構成の視点
　　　──子どもの個性的な生活における学びをどうとらえるか　117
+ 12-3 教材を研究し構成する教師の役割　120
+ 12-4 教科内容と教材，教具の区別と，「主たる教材」としての教科書　122

第13章　学習指導の原理　124

+ 13-1 学習指導原理探究の歴史　124
+ 13-2 代表的な学習指導原理　129

第14章　学習指導過程　135

+ 14-1 学習指導過程とは何か　135
+ 14-2 戦後における学習指導過程の変遷とその類型　136
+ 14-3 学習指導過程の類型化　147

第15章　児童・生徒の理解と学習集団の編成　150

- 15-1　着眼すべきこと　150
- 15-2　児童・生徒理解の方法　152
- 15-3　児童・生徒理解における日程上制約　156
- 15-4　学級と学習集団の編成　157
- 15-5　学級の枠を越えた小集団　159
- 15-6　まとめに代えて　160

第16章　教育評価　162

- 16-1　教育評価の理念　162
- 16-2　教育評価の種類　164
- 16-3　教育評価の方法　167
- 16-4　評価結果の記録と保存　170

第17章　視聴覚メディアの教育利用　173

- 17-1　視聴覚教育　174
- 17-2　学校教育における視聴覚メディア　176

第18章　インストラクショナル・デザイン（ID）の理論と方法　183

- 18-1　IDの定義とそれが注目される背景　183
- 18-2　代表的なIDモデルとその活用　185
- 18-3　ガニェのID理論　190
- 18-4　IDの実践的意義と今後の可能性　192

第19章　情報コミュニケーション技術（ICT）の教育利用　194

- 19-1　教室のICT環境　194
- 19-2　教育におけるICT環境整備　196
- 19-3　「教育の情報化」の推進　199
- 19-4　ICT環境整備による教育の変化，その展望　202
- 19-5　ICTと教育：手段と目的　206

第20章 教育用のICTメディアシステム　　208

+ 20-1　視聴覚教育における工学技術に基づくメディアの変遷　208
+ 20-2　教育用のICTメディアシステム　210
+ 20-3　ICTメディアシステムに関する技術　216
+ 20-4　プログラミング　219
+ 20-5　ICTメディアシステムの導入・維持　220

索　引　　223

第Ⅰ部　教育内容

　第Ⅰ部では，「教育内容」を扱う。なかでも学校教育の「番組」ともいえる教育課程について，教職に必要な基本事項を概説する。学習指導要領，カリキュラムといった語と教育課程との関連からはじめ，今日に至る歴史的な背景，教育課程の基盤をなす行政の仕組みやアメリカ合衆国の影響，学習指導要領と不可分の関係にある教科書制度や総合的な学習（探究）の時間，そして最近の学習指導要領の改訂について，各章で紹介する。

第1章

プログラム・カリキュラム・教育課程

1-1　基本用語の関係

　まず,図1-1に示した用語の関係について説明する。この説明を通じ,**「教育課程」**という用語について,一定のイメージをもってほしい。なお図中の記号「＞」は,数学的な大小関係ではなく,用語の範囲の広狭を意味する。

　「何を学ばせるのか,何を学ぶのか」という教育の内容にかかわる言葉として,教育分野では**「カリキュラム」**という語がある。関連して,「教育課程」という語も用いられる。

　「教育課程」と「カリキュラム」との関係は,少々ややこしい。ほとんど同じ意味で両者が用いられる場合もあるが,部分的に意味は重なるものの,かなり異なった用語である。「カリキュラム」の訳語は,そのまま「教育課程」とはならない場合がある。それゆえ,両者はどこが重なり,どこが異な

図1-1　用語の関係図

プログラム ＞ カリキュラム ＞ 教育課程

るのか，教育関係者としてはその使い分けを知る必要がある。

「教育課程」も「カリキュラム」も，言葉として見聞きする機会はあっても，わかったようでよくわからないように感じられるだろう。ともに学校を含めた「教育」に関係する用語ではあるが，目を転じて日常生活の中で似たものがあるかどうか考えてみると，理解が進むかもしれない。

実は，「教育課程」も「カリキュラム」も，ともに「**プログラム**」の仲間とみなすことができる。まずはこの「プログラム」という語から出発して，「カリキュラム」そして「教育課程」の順に，述べていくことにしよう。

1-2　プログラム

「プログラム（program）」は，教育分野に限らず，広く日々の生活で使われる語である。その意味は，辞書によれば「番組。予定。計画」「目録。計画表。また，演劇・音楽会などの内容を解説した小冊子」とされる。「禁煙プログラム」「会計処理のプログラム」といった例が考えられる。学校教育でも，「運動会のプログラム」「人間関係プログラム」などの例がある。

「番組。予定。計画」「目録。計画表」ではやや素っ気ないので，もう少し噛み砕くと，「プログラム」とは【ある目的や意図をもって組織された，順序だった内容及び手だて】となろうか。コンピュータゲーム機のソフトウェア，テレビの番組一覧，結婚式の次第，一見バラバラにみえるが，いずれも【　】内の記述にあてはまる。つまり，具体的な場は異なるが，これらはみな「プログラム」という性格をもち，「プログラム」とよばれる。

1-3　カリキュラム

「プログラム」に比べると，「カリキュラム（curriculum）」は，いくらか教育分野に限定された用語である。ひと口に教育分野といっても，学校教育だけではなく，社会教育や家庭教育，企業内の社員教育など，さまざまな場がある。この点，語のさす範囲に留意しなければならない。

さて，「英会話学校のカリキュラム」「進学塾のカリキュラム」という用法は，それほど違和感なく使えるだろう。教育分野の中でさらに限定して，

「小学校のカリキュラム」「社会科のカリキュラム」というように，狭い意味での「学校教育」（学校教育法第1条に規定される。幼稚園も「学校」に含まれる）の語としてみても，さほど不自然な使い方ではない。

ところが，先に示したコンピュータゲーム機，テレビや結婚式に，「カリキュラム」という語はあまりなじまない。このことから，カリキュラムという語はプログラムという語よりもさし示す範囲が狭い，使われる場が限られる，とわかる。別ないい方をすれば，カリキュラムとは「教育分野に特化したプログラム」である。前の「プログラム」の説明をふまえると，「カリキュラム」とは，【特に教育分野において，ある目的や意図をもって組織された，順序だった内容及び手だて】といえよう。

（1）カリキュラムという語は普遍的ではない

今日「カリキュラム」という語を使う場合，アメリカ合衆国やイギリスといった，英語圏中心の用語という含意がある。国や言語によっては，「カリキュラム」という語の代わりに，「教授プログラム」という趣旨の語が用いられる。国や言語が違うと，「カリキュラム」という語はうまく通じないのである。「カリキュラム」は，万国共通の用語ではない。

日本で「カリキュラム」の語がカタカナの外来語として用いられる理由として，日本の敗戦及び連合国軍による占領（1945（昭和20）-1951（昭和26）年，日本からみれば被占領。以下，見出し等は西暦を中心に用いる）の影響があげられる。連合国とはいうものの，実質的にはアメリカ合衆国による占領だった。現在に続く日本の学校教育の基礎は，6-3制や社会科など，当時のアメリカ合衆国における教育事情の影響を，色濃く受けている。

カリキュラム研究には「潜在的カリキュラム（latent curriculum）」ないし「隠れたカリキュラム（hidden curriculum）」という興味深い概念がある。研究上の概念なので論者によりさまざまな定義があるが，教育の過程で，文字化されず・知らず知らずのうちに教えられ・意図しないのに学ばれる，およそそういった事柄をさす。雰囲気やある種の伝統，価値観や偏見と考えてもよいだろう。現在の日本で，これらの用語が「潜在的教育課程」「隠れた教育課程」と翻訳されることは，まずない。ただ，国や言語によっては「潜在的教育課程」などと翻訳される場合があるので，実にややこしい。

（2）「カリキュラム」の原義は「競争用のコース」である

羅和(らわ)（ラテン語と日本語）辞典によれば，カリキュラムの語源は，「走る，急ぐ」という意味をもつ動詞，currō（クーロ）である。その活用形の一つが currere（クレーレ）である。curriculum には「走ること，競争」のほかに，「（天体の）運行，軌道」「（競争用）戦車」「競争路」「人生行路」といった意味がある。決まった道筋をひた走る，というイメージだろう。

羅和辞典・英和辞典には，curriculum vitae（カリキュラム・ヴァイティまたはヴィータイ，省略形は CV）という語があり，「経歴」「履歴書」と訳される。vitae はラテン語の名詞 vita（人生，生命）の語尾変化である。vita の関連語として，ビタミン（ヴァイタミン，vitamin，造語），ヴァイタル・サイン（vital sign，心拍や呼吸等，生きている証）等があげられる。したがって，curriculum vitae とは，「人生のコース」「人生の軌道」との意味になるから，「生きてきた道筋」＝「履歴」という意味と解せる。詳しくふれる余裕はないが，人生そのものをカリキュラムとする考え方は，カリキュラム研究にとって大きな意味をもつ。

教育においてカリキュラムという語の初出は，16 世紀ヨーロッパのプロテスタント，とりわけカルヴァン派に属する大学での使用だとされる。当時の大学では，「『カリキュラム』は，学生が『それに沿って進んで』いかなければならないものであったばかりでなく，『完了』しなければならないものでもあった」という（Hamilton, 1989／安川訳，1998, p. 54）。順序どおり学び，特定の時点で卒業しなければならない，という進み方は，所定のコースを走ってゴールする様子と，確かに似ている。

1−4　教育課程

「教育課程」は，教育分野のうち，学校教育に特化した用語である。前述のとおり，教育課程の「課程」は，「コース（course）」が原義である。教職志望の学生でも，よく「教育過程」と誤るので，注意してほしい。

前述のとおり，「カリキュラム」は，学校教育に限らず広く教育分野で用いられる。一方，「教育課程」は，教育の中でも「学校教育業界」にほぼ特有の用語である。「プログラム」との関係でいえば，教育課程は「教育分野

の中でも，特に学校教育向けの専用プログラム」となるから，教育課程は学校教育の「番組表」「予定一覧」といえる。

　教育課程は，学校の年間全体の計画をさす場合が多い。具体的には，時間割や年間の校内予定表等として，われわれの前に現れる。学校教育に関する法規には，何を教育課程という「番組」に盛り込むべきか，次のとおり示される。

　　学校教育法施行規則第 50 条
　　　小学校の教育課程は，国語，社会，算数，理科，生活，音楽，図画工作，家庭，体育及び外国語の各教科（以下この節において「各教科」という。），特別の教科である道徳，外国語活動，総合的な学習の時間並びに特別活動によつて編成するものとする。(2017（平成 29）年 3 月 31 日一部改正，2020（平成 32）年 4 月以降全面実施)

　このことからも示されるとおり，「教育課程」は，学校教育にかかわる法規・行政の場で用いられる語である。この点，「カリキュラム」という語とは，やや異質である。

（1）現在，教育課程は「編成」される

　教育課程を計画・立案してつくることを，現在は法規上「編成」という決まった語でよぶ。「番組」も「編成」されるので，使い方が似ている。

　<u>学校教育法施行規則</u>（施行は「せこう」と読むこともある）第 83 条（2017（平成 29）年 4 月）を例にとれば，「高等学校の<u>教育課程は</u>，別表第三に定める各教科に属する科目，総合的な学習の時間及び特別活動によつて<u>編成するものとする</u>。」（下線は引用者による）とされ，「教育課程は，……編成するものとする」という関係にあるとわかる。「教育課程の開発」や「教育課程の作成」という語も時おり目にするが，これらはあまり標準的な用法とはいえず，使用頻度も「編成」に比べるとごく少ない。ただし，はじめから「編成」だったわけではなく，例えば1951（昭和 26）年版の学習指導要領一般編（試案）では「教育課程の構成」だった。

　教育課程を編成する場合，国などが定めた一定のガイドライン，ルールが

ある（この事情は、その国の教育行政の仕組みにより、さまざまに異なる）。少なくとも、それぞれの学校がまったく好き勝手に年間全体の計画をつくってよい、というわけではない。現在の日本では、いくつかの法規等に基づいて教育課程は編成される。なかでも中心的かつ重要な位置を占めるのが、**「学習指導要領」**とよばれる文書である（幼稚園には**幼稚園教育要領**がある）。これについては第2章で述べる。

　なお、「編成」の同音異義語として、**「編制」**という語もある。こちらは主に「学級編制」という場合に法令で用いられる。

（2）教育課程という語は、日本では20世紀半ばごろから広く使われ始めた

　「教育課程」という語が広く用いられるようになったのは、連合国による占領期（1945～1951年）以降である。ただし、1947（昭和22）年版学習指導要領（試案）では、「教育課程」ではなく、**「教科課程」**という語が用いられた。その後、1951（昭和26）年版学習指導要領（試案）で、用語が「教育課程」にそろえられた。戦前は、「教科課程」「学科課程」という語が用いられていたとされる。「教科課程」という場合、主たる関心事は、やはり教科である。

　法規等によっては、近年まで「教科課程」の語が残っていた。例えば、「義務教育諸学校教科用図書検定基準」（1999（平成11）年1月25日告示、2007（平成19）年3月30日改正）では、次のとおりだった。

　第1章　総則
　　学校教育法に規定する小学校、中学校、中等教育学校の前期課程並びに特別支援学校の小学部及び中学部の教科用図書の検定においては、その教科用図書が、<u>教科課程</u>の構成に応じて組織排列された教科の主たる教材として（以下略、下線は引用者による）

　実は、こうした例は、あまりみられなくなりつつある。義務教育諸学校教科用図書検定基準（2009（平成21）年3月告示）では、教科課程の語は姿を消し、代わって教育課程の語が用いられた。これに限らず、学校教育法を

はじめ，条文中の「教科」及び「教科課程」を「教育課程」へと改めるのが，近年の流れである。

（3）教育課程は，教科と教科外活動からなる

現在，日本の学校教育では，教科以外の教育活動が教育課程に位置づけられている。朝の会，清掃，修学旅行，全校朝会，生徒会（児童会）活動，ホームルーム（学級の時間），学校行事等々がそれである。一般に，教科以外の活動を総称して「**教科外活動**」とよぶ。

再び学校教育法施行規則第83条（2017（平成29）年4月）を例にとれば，「高等学校の教育課程は，別表第三に定める各教科に属する科目，総合的な学習の時間及び特別活動によつて編成するものとする。」（下線は引用者）とある。「各教科に属する科目」以外に，「**総合的な学習の時間**」及び「**特別活動**」が教育課程に含まれる。2018（平成30）年3月の高等学校学習指導要領告示により，前者は「総合的な探究の時間」へと改正された。

小学校及び中学校の場合，高等学校と異なり，「特別の教科　道徳」がある。かつて道徳は教科ではなかった。**検定教科書**も試験も，「道徳の教員免許状」もなかった。読者の中には，道徳の時間に本を読んだ，という人もいるだろうが，あの本は「**副読本**」とよばれ，検定を経た教科書とは別物であった。「心のノート」や「私たちの道徳」を覚えている読者もいるだろう。

2015（平成27）年3月，学校教育法施行規則の改正により，それまでの道徳は「特別の教科である道徳」（道徳科）へと姿を変えた。同時に文部科学省告示第63号（中学校は第64号）により，小学校で2015（平成27）年4月から2018（平成30）年3月（中学校は2019（平成31）年3月）までの特例として，「特別の教科である道徳」を先行して実施できる，とされた。

教科外活動を学校教育の「番組」に含めるかどうか，含めるとしたらどういう形態で含めるのか。この問いについての関心の変化を，教科課程から教育課程への用語の移り変わりにみてとれる。戦後日本の教育は，教科以外の諸活動を学校教育の中に正規に位置づけたことにより，提供する「番組」の名称を，教科課程から教育課程へと変えたわけである。したがって，教育課程という場合，教科と教科外とに内容を大別できる。

補足：教育課程という語に関連して,「課外」という語もある

　「課外」という語の意味は,「正課すなわち正規の課程以外」であり,「教育課程の外にある」となる。実際,学校教育には,正規の授業等には含まれず,卒業の要件にもならない諸活動が,いくつか含まれる。それらをひとくくりにして,「課外活動」とよぶことがある。

　「課外活動」の例として,放課後・休業中の補習（授業時数にカウントされない）や,中学校・高等学校の「**部活動**」があげられる。まぎらわしいが,「部活動」と「**クラブ活動**」とは法規上は別の位置づけである。クラブ活動は「特別活動」に含まれ,必修であり,「必修クラブ」などともよばれる。かつては中学校・高等学校にも必修クラブが存在したが,部活動との代替等の経緯を経て後に廃止され,現在必修クラブの時間は小学校にしか存在しない。

　この議論に関心があれば,「特別活動」のテキストで確認してほしい。

［根津朋実］

【引用・参考文献】
Hamilton, D., 1989／安川哲夫 訳 『学校教育の理論に向けて』 世織書房　1998
水谷智洋 編 『羅和辞典（改訂版）』 研究社　2009
日本カリキュラム学会 編 『現代カリキュラム事典』 ぎょうせい　2001
新村出 編 『広辞苑（第六版）』 岩波書店　2008
山田恵吾・藤田祐介・貝塚茂樹 『学校教育とカリキュラム』 文化書房博文社　2003
文部科学事務次官通知 「学校教育法等の一部を改正する法律について（通知）」 2007年
　　7月31日付

第2章

教育課程と学習指導要領

2-1　教育課程と学習指導要領との関係

　第1章の図1-1に,「**学習指導要領**」を加えたのが図2-1である。この章を通して,**教育課程**を**編成**する際の学習指導要領の役割及び概要について,理解してほしい。

　第1章で述べたとおり,各学校はまったく好き勝手に教育課程を編成してよいわけではない。教育課程を編成する場合,さまざまな基準や規則に従う必要がある。現在の日本では,諸法規等に基づいて教育課程は編成される。学習指導要領（course of study の訳語）はその中心をなす,重要な文書である。

図2-1　用語の関係図

```
プログラム ＞ カリキュラム ＞ 教育課程（学校教育の番組・計画表）
                                    ↑
                            学習指導要領（教育課程編成の基準）
```

2-2　教育課程の編成と学習指導要領

　学校教育法第48条では，「中学校の教育課程に関する事項は，（中略）文部科学大臣が定める。」とされる。とはいえ，文部科学大臣は，国公私立合わせて全国約1万の中学校の教育課程を，たった一人ですべて決めるわけではない。学校教育法を円滑に運用するため，文部科学省令として学校教育法施行規則が定められている。**省令**（しょうれい）は大臣が出す命令であり，国会が制定する法律とは区別されるが，法規に含まれる。

　学校教育法施行規則第72条（2017（平成29）年4月）は，中学校の教育課程の編成について規定する。また，同第74条は，次のとおり定める。小学校も高等学校も，同様の定めがある（同第52条，第84条）。

　　　中学校の教育課程については，この章に定めるもののほか，教育課程の基準として文部科学大臣が別に公示する中学校学習指導要領によるものとする。

　「教育課程の基準として文部科学大臣が別に公示する中学校学習指導要領による」に注目してほしい。ここから学習指導要領は「**教育課程の基準**」であり，かつ「文部科学大臣が別に**公示**する」とわかる。つまり，【教育課程という学校教育専用のプログラム（番組）を編成する際，参照すべきガイドラインやルールとして，学習指導要領という基準がある】，となろう。それを，文部科学大臣が**公示**（こうじ）（公の機関が広く示すこと）するとされている。

（1）教育課程は，学習指導要領を基準として，各学校が編成する

　中学校学習指導要領（2017（平成29）年3月告示，2021（令和3）年4月施行），「第1章　総則」の冒頭は，次の書き出しで始まる。

　　　各学校においては，教育基本法及び学校教育法その他の法令並びにこの章以下に示すところに従い，生徒の人間として調和のとれた育成を目指し，生徒の心身の発達の段階や特性及び学校や地域の実態を十分考慮して，適切な教育課程を編成するものとし，これらに掲げる目標を達成するよう教育を行うものとする。

「**各学校**においては」という言葉に注目してほしい。それぞれの学校が法令や学習指導要領に従いつつ，自前で適切な教育課程を編成することが求められているのである。教育委員会や文部科学省が教育課程を編成し，それを各学校が受け取って実施する，というわけではない。学習指導要領は基準として示されるが，それはガイドラインやルールにとどまる。法令や学習指導要領を参照しつつ，地域の実情に合わせて，学校の番組＝教育課程をどう編成するか，そこが各学校の腕の見せどころとなる。

（2）学習指導要領には目次がある

冊子体もしくは pdf ファイルで学習指導要領を入手し，それを見つつ以下の内容を読み進めてほしい。入手の仕方は補足1で述べる。

最新の中学校学習指導要領（2017（平成 29）年3月告示）の目次は，全5章からなる。新しく，第1章の前に，「前文」が加わった。第1章から，「総則」「各教科」「特別の教科　道徳」「総合的な学習の時間」，そして「**特別活動**」の順である。「前文」は，教育課程や学習指導要領の性格や意義を記す。「総則」は，教育課程編成の一般的な方針を述べた部分である。いずれも，取得希望免許・教科の種別を問わず，必読である。

二つ前の中学校学習指導要領（1998（平成 10）年告示，2003（平成 15）年一部改正）は，「総則」「各教科」「道徳」「特別活動」の順で，全4章だった。当時，「**総合的な学習の時間**」は，「総則」の一部に含まれていた。当時の「道徳」は教科ではなかったことも，この目次からわかる。

（3）学習指導要領には関連法規や授業時数の定めも収められている

最新の学習指導要領には，関連資料として，教育基本法の全文，学校教育法（抄），学校教育法施行規則（抄），文部科学省告示が，それぞれ目次に先立ち掲載されている（抄とは抜き書きのこと）。小学校学習指導要領の場合，「幼稚園教育要領」「中学校学習指導要領」も合わせて収められている。中学校の場合，学校教育法施行規則第 73 条に関連する「別表第二」も掲載される（表 2−1）。「別表第二」は，学年ごとに，各教科・特別の教科である道徳・総合的な学習の時間・特別活動（週1時限の学級活動），それぞれの標準授業時数を示した表である。

表2-1　学校教育法施行規則第73条に関する「別表第二」

区　　　　　　　　　　　　分		第1学年	第2学年	第3学年
各教科の授業時数	国　　　　語	140	140	105
	社　　　　会	105	105	140
	数　　　　学	140	105	140
	理　　　　科	105	140	140
	音　　　　楽	45	35	35
	美　　　　術	45	35	35
	保 健 体 育	105	105	105
	技 術・家 庭	70	70	35
	外　国　語	140	140	140
特別の教科である道徳の授業時数		35	35	35
総合的な学習の時間の授業時数		50	70	70
特 別 活 動 の 授 業 時 数		35	35	35
総　　授　　業　　時　　数		1015	1015	1015

備考　一　この表の授業時数の一単位時間は，五十分とする。
　　　二　特別活動の授業時数は，中学校学習指導要領で定める学級活動（学校給食に係るものを除く。）に充てるものとする。

　表中，多くの数字は「35」という数で割り切れる。これは，総則の「第2　教育課程の編成」で，「各教科等の授業は，<u>年間35週以上</u>にわたって行うよう計画し（以下略）」とあることによる（下線は引用者による）。表中に「35」とあれば「1週間に1単位時間（50分）が標準」，「140」とあれば「1週間に4（＝140÷35）単位時間が標準」，となる。

　高等学校の場合，学習指導要領の総則第2款（部と項との間，という意味）の3で「単位については，1単位時間を50分とし，35単位時間の授業を1単位として計算することを標準とする」とし，授業時数ではなく単位という考え方をする。第2款の3の(3)には「全日制の課程における各教科・科目及びホームルーム活動の授業は，年間35週行うことを標準とし（以下略）」とあり，高等学校も小中学校と同様に「35」が一つの区切りとなっている。合わせて，各教科・科目や総合的な探究の時間，それぞれの標準単位数について，一覧表が示されている。

2-3　中学校の保健体育の例

　2017年版学習指導要領の各教科編中,「第7節　保健体育」は,「第1　目標」「第2　各学年の目標及び内容」「第3　指導計画の作成と内容の取扱い」からなる。「第2　各学年の目標及び内容」は,さらに「**体育分野**」と「**保健分野**」とに分かれる。

　体育分野は,第1学年及び第2学年と,第3学年とに分かれる。いわゆる「1,2年生」が2学年まとめて示される一方,「3年生」は別立てである。いずれのまとまりでも,「1　目標」「2　内容」が示される。「体育分野」の末尾には「内容の取扱い」があり,保健分野へと続く。

　体育分野第1学年及び第2学年の「1　目標」は,次の3点である。

(1) 運動の合理的な実践を通して,運動の楽しさや喜びを味わい,運動を豊かに実践することができるようにするため,運動,体力の必要性について理解するとともに,基本的な技能を身に付けるようにする。

(2) 運動についての自己の課題を発見し,合理的な解決に向けて思考し判断するとともに,自己や仲間の考えたことを他者に伝える力を養う。

(3) 運動における競争や協働の経験を通して,公正に取り組む,互いに協力する,自己の役割を果たす,一人一人の違いを認めようとするなどの意欲を育てるとともに,健康・安全に留意し,自己の最善を尽くして運動をする態度を養う。

　体育分野第1学年及び第2学年の「2　内容」は,「A　体つくり運動」「B　器械運動」「C　陸上競技」「D　水泳」「E　球技」「F　武道」「G　ダンス」「H　体育理論」からなる。「内容の取扱い」(1)アには,第1学年及び第2学年ではこれらAからHまでをすべての生徒が履修することとされている。しかも,A及びHは,2学年間にわたって履修させること,とある。

　「2　内容」の具体例として,「D　水泳」(ただし,第1学年及び第2学年に関する箇所に限る,第3学年は別立て)を以下に示す。

(1) 次の運動について,記録の向上や競争の楽しさや喜びを味わい,水泳の特性や成り立ち,技術の名称や行い方,その運動に関連して高

まる体力などを理解するとともに，泳法を身に付けること。
　　ア　クロールでは，手と足の動き，呼吸のバランスをとり速く泳ぐこと。
　　イ　平泳ぎでは，手と足の動き，呼吸のバランスをとり長く泳ぐこと。
　　ウ　背泳ぎでは，手と足の動き，呼吸のバランスをとり泳ぐこと。
　　エ　バタフライでは，手と足の動き，呼吸のバランスをとり泳ぐこと。
(2) 泳法などの自己の課題を発見し，合理的な解決に向けて運動の取り組み方を工夫するとともに，自己の考えたことを他者に伝えること。
(3) 水泳に積極的に取り組むとともに，勝敗などを認め，ルールやマナーを守ろうとすること，分担した役割を果たそうとすること，一人一人の違いに応じた課題や挑戦を認めようとすることなどや，水泳の事故防止に関する心得を遵守するなど健康・安全に気を配ること。

「内容の取扱い」(2) エには，次の記述がある。

　「D水泳」の (1) の運動については，第1学年及び第2学年においては，アからエまでの中からア又はイのいずれかを含む二を選択して履修できるようにすること。(中略) また，泳法との関連において水中からのスタート及びターンを取り上げること。なお，水泳の指導については，適切な水泳場の確保が困難な場合にはこれを扱わないことができるが，水泳の事故防止に関する心得については，必ず取り上げること。また，保健分野の応急手当との関連を図ること。

　以上の例から，保健体育の水泳といっても，さまざまな学習内容の「ガイドライン，ルール」が定められている，とわかる。1, 2年生の両方で水泳を行う，4種類の泳法のうちクロールまたは平泳ぎを含む2種類を学ぶ，適切な水泳場がない場合は水泳をやらなくてよい（ただし水泳の事故防止は必ず学ぶ），などといった具合である。また，日本泳法（古式泳法）や着衣泳は保健体育の内容として学習指導要領に記載されておらず，全員必須の学習事項とはいえないことになる。

　このように学習指導要領には，教える内容にかかわり，学年，範囲，具体

的な事項，順序，例外，留意点などが記載されている。総則に加え，自らの取得希望免許教科の箇所に，目を通してみてほしい。

2-4　学習指導要領の「法的拘束力」「法的規範性」

　ここまで，学習指導要領をガイドラインやルールにたとえてきた。実は，学習指導要領が法規のような効力をもつかどうかは，以前からさまざまな考え方がある。「法規のような効力を有すること」を，「法的拘束力」や「法的規範性」とよぶ。必ずそのとおりに行うべきで，従わないと何らかの処分を受ける可能性がある，という意味である。

　今日では，1976（昭和51）年の最高裁判所大法廷判決（いわゆる，学力テスト旭川事件判決），及び1990（平成2）年の最高裁判所第一小法廷判決（いわゆる，伝習館高校事件判決）により，学習指導要領が法的性質を有する，と解釈される。ここ半世紀ほど，学習指導要領は法令と同様に，「官報」（国の日刊の機関紙）に「告示」という形式で示されてきた。他方，形式は法規であっても学習指導要領は法規そのものとはいいがたい，とする見解もある。次の二つの記述を比べてみよう。

　　公示とは，一定の事項について，公衆が知ることのできる状態におくことであり，告示とは，各省大臣，各委員会及び各庁の長官の行なう公示の形式である。つまり，学習指導要領が告示の形式をとることは，その内容が法的拘束力を有し，『基準性』が強化されることを意味している。（山田他，2003，p.43）

　これまでの学習指導要領の法的規範性についての論議や学説および判例は次の三つに大別される。
　①基準説……学習指導要領には明確な基準性があり法規として従う必要がある。
　②大綱（引用者注：たいこう）的基準説……学習指導要領は大綱的基準としての部分に限り法規として従う必要があり，それ以外は指導・助言・援助にとどまるべきである。

③指導・助言説……学習指導要領は指導・助言としてのみ有効であり，法規として従う必要はない。(天野，2006, p. 29)

(1) 学習指導要領は「共通テスト」や教科書検定の基準でもある

　学習指導要領は，教育課程を編成する際の基準になるだけではない。合わせて，**大学入学共通テスト**(「共通テスト」，以前は**大学入試センター試験**)の出題範囲や，**教科書**を検定する際の基準でもある。各学校の教育課程，「共通テスト」，そして**検定教科書制度**，これら三つは，いずれも学習指導要領を共通軸にもつといえる。

　「平成31年度大学入学者選抜大学入試センター試験実施要項」(2018(平成30)年6月，独立行政法人大学入試センター理事長通知)の「3　出題教科・科目等」には，「(1)　大学入試センター試験の出題は，高等学校学習指導要領に準拠して行う」(ルビは引用者による)と明記されていた。「共通テスト」にも，同様の文言が引き継がれている。

　また，「義務教育諸学校教科用図書検定基準」(2017(平成29)年8月，文部科学省告示)中，「第2章　教科共通の条件　1　基本的条件」として，「学習指導要領の総則や教科の目標に一致していること。」とある。学習指導要領に示す「内容」や「内容の取扱い」に示す事項を不足なくとりあげていることや，「本文，問題，説明文，注，資料，作品，挿絵，写真，図など教科用図書の内容(以下「図書の内容」という。)には，学習指導要領に示す目標，学習指導要領に示す内容及び学習指導要領に示す内容の取扱いに照らして不必要なものは取り上げていないこと」等の記述もある。「2　選択・扱い及び構成・排列」にも，「図書の内容に，学習指導要領に示す他の教科などの内容と矛盾するところはなく，話題や題材が他の教科などにわたる場合には，十分な配慮なく専門的な知識を扱っていないこと。」「学習指導要領の内容及び学習指導要領の内容の取扱いに示す事項が，学校教育法施行規則別表第1又は別表第2に定める授業時数に照らして図書の内容に適切に配分されていること。」と，学習指導要領について再三言及されている。

(2) 学習指導要領は約10年おきに改訂されてきた

　詳細は後の章にゆずるが，学習指導要領はこれまで数回更新されてきた。

学習指導要領の更新を，一般に「**改訂**（かいてい）」とよぶ。新聞等では「改定」とも記されるが，文部科学省のホームページでは「改訂」である。1947（昭和22）年に（試案）の文言を付して最初の学習指導要領が出された（断りがない限り，小学校学習指導要領の改訂年を主に用いる。改訂時期のずれや部分改訂により，中学校や高等学校では数年の違いが生じるので注意すること）。以後，1951（昭和26）年（試案），1958（昭和33）年，1968（昭和43）年，1977（昭和52）年，1989（平成元）年，1998（平成10）年，2008（平成20）年，そして2017（平成30）年と，（試案）の時期を除き，ほぼ10年おきに改訂を経てきた。

　改訂はなぜ約10年おきなのか。区切りのよさといえるかもしれないが，改訂の間隔は，**移行期間**（いこうきかん）や，**審議会**（しんぎかい）における**諮問**（しもん）・**答申**（とうしん）等，学習指導要領にかかわる一連の手続きに関係するところが大きい。

　学習指導要領が改訂されると，次の年度から教育内容がすべて変わるわけではない。実際には数年の**移行措置**（いこうそち），移行期間がある。新しい学習指導要領を部分的に実施していき，ある程度年数が経ったところで「完全実施」に至る，となる。さらに，教科書を新しくつくり，検定を通し，採択手続きを経て印刷製造・配本するには，1年や2年では無理であり，4年はかかるとされる（一般社団法人 教科書協会ホームページ www.textbook.or.jp/question/answer/a01.pdf による）。

補足1：学習指導要領は冊子とインターネット版とがある

　学生から，「学習指導要領は売っているのですか」という質問を受けることがある。もちろん，冊子として販売されており，通常の本や雑誌と同様，一般の書店で取り寄せもできる。教職課程のテキストによっては，資料として学習指導要領の一部が掲載されているものもある。

　学習指導要領はインターネット経由でも入手できる。文部科学省のホームページ（www.mext.go.jp）中，「学習指導要領」をキーワードとして検索し，該当ページにたどりつけば，pdf形式やhtml形式で閲覧・ダウンロードできる。pdfファイルの強みは，閲覧ソフトやブラウザ等の検索機能を用いて，特定の語句を容易に発見できる点である。「中学校学習指導要領で○○という言葉は，どこに，いくつ使われているか？」という調べものも，検索機能

を使えば，簡単に対応できる。

　関連して，過去の学習指導要領も，インターネットにある。「過去の学習指導要領」をキーワードに，検索してみてほしい。1947（昭和22）年版（試案）以降のデータベースが見つかるはずである。

補足2：幼稚園には幼稚園教育要領がある

　学校教育法第1条で，幼稚園は「学校」とされる。幼稚園の場合，学習指導要領ではなく，「教育要領」とよばれる。その内容は，「前文」「総則」「ねらい及び内容」「教育課程に係る教育時間の終了後等に行う教育活動などの留意事項」とあり，学習指導要領とはやや様子が異なる。「ねらい及び内容」として，「健康」「人間関係」「環境」「言葉」「表現」のそれぞれがある。教科学習とは異なる幼稚園教育ならでは，といえよう。

補足3：学習指導要領には「解説」もある

　学習指導要領の文言には限りがある。そこで，『学習指導要領解説』（以下，『解説』と略）という冊子が，文部科学省の名義で刊行されている。『解説』は，学習指導要領そのものの改訂よりも，時期的にやや遅れて刊行される。中学校の場合，『総則編』，教科ごとの『数学編』『外国語編』など，そして『特別の教科　道徳編』『総合的な学習の時間編』『特別活動編』がある。学習指導要領の本体と同様に，『解説』は冊子体で入手できる。文部科学省のホームページ上でも公開されている。

　学習指導要領は法的拘束力をもつとされるが，『解説』はそうではない，という見方がある。実際，『解説』は，学習指導要領のように法規に即して告示する形式はとられない。とはいえ，学習指導要領改訂の趣旨を周知する場合，各学校で教育課程を編成する場合や，各出版社が教科書を執筆する場合に，『解説』は「文部科学省による公式見解」として参照されている，というのが実情だろう。

[根津朋実]

【引用・参考文献】
天野正輝　『評価を生かしたカリキュラム開発と授業改善』　晃洋書房　2006
山田恵吾・藤田祐介・貝塚茂樹　『学校教育とカリキュラム』　文化書房博文社　2003

第3章

教育課程行政のあらまし

3-1 教育課程行政の原則

(1) 教育課程行政の全体像

　教育課程を具体的に編成するのは，各学校である。そのための条件整備を行うのが文部科学省や教育委員会などの行政組織であり，この行政組織による条件整備を**教育課程行政**とよぶ。**教育内容行政**ともいわれることがあるように，教育課程行政は，児童生徒が学習する教育内容を整備するところに特徴がある。何を教えるかという教育内容は人格形成上，大きな影響を及ぼすため，教育課程の基準づくりには慎重な行政手続きが求められる。

　日本の教育課程行政は，次の四つの原則に基づいて展開される。すなわち，①法律に従う（**法律主義**），②できる限り地方公共団体や各学校に権限をゆだねる（**地方分権**），③特定の政治思想や宗教による利害に左右されない（**教育の中立性**），そして，④行政による関与は，規制による強制ではなく指導・助言・援助を中心とする（**教育の自主性尊重**），というものである（樋口，2007）。

　これらの原則に基づき，国（国会，文部科学省），都道府県・市町村の教育委員会，及び各学校は，それぞれ独自の役割を担う（図3-1を参照）。

図3-1 教育課程行政の全体像（露口，2008，p.81から引用）

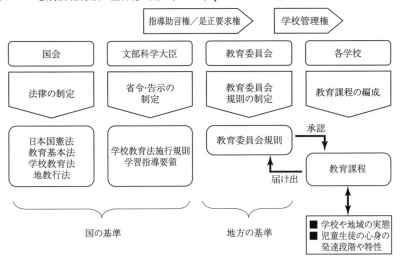

　まず，国による関与は，国民全体の教育の機会均等及び教育水準の維持を図ることを目的としており，規制の程度は最小限にとどまる。主な役割は，文部科学大臣による学習指導要領の作成である。次に，都道府県・市町村の教育委員会は，国が定めた基準に従いながら，それぞれの地域の実情に合わせた教育課程編成を各学校に促すための条件整備を行う。具体的には教育委員会規則（学校管理規則）の制定を通じて，各学校による教育課程編成を管理する。最後に，各学校は国や地方が定めた基準を満たしながら，児童生徒や地域の実態に合わせて教育内容や授業時数，指導法などを具体的に検討し，教育課程を編成する。

　この各学校による教育課程編成が適正に行われるように，文部科学省は教育委員会に，そして教育委員会は各学校に対して，指導・助言を行う。これを**指導・助言行政**とよぶ。これに対し，命令や権力的な指揮監督を行う管理行政は，教育という営みの性質上，ふさわしくないとされる。ただし，日本国憲法にある教育を受ける機会を侵害する事態が生じた場合，文部科学省は教育委員会に対し「**是正の要求**」や「**指示**」を出すことができる。是正の要求や指示は，指導・助言とは異なり法的な強制力があるため，教育委員会は必ずこれらに従い，改善等を行わなければならない。この例として，近年の

高等学校における世界史を中心とした「未履修問題」への対応があげられる。

(2) 教育課程を規定する関係法規

　各学校は，まったく自由に教育課程を編成することはできない。あくまでも法律の範囲内で，各学校の自由や裁量が認められる。教育課程を規定する関係法規のうち，主なものは表3-1のとおりである。

　日本では，「日本国憲法」で定める教育を受ける権利を保障するために，教育基本法をはじめとするさまざまな法律が制定されている。特に「教育基本法」は「教育の憲法」ともよばれ，日本国憲法の趣旨に沿って，教育の理念や一般的な原則を定めている。日本国憲法と教育基本法の理念を学校教育で具体的に実現させるための法律が「学校教育法」である。学校教育法で定められた事項は，「学校教育法施行令」「学校教育法施行規則」「学習指導要領」などで細かく具体化される。例えば，学校教育法施行規則には，教育課程の領域構成や各教科名，あるいは授業時数などの具体的な定めがある。

　表3-1にあげた法規のうち，教育基本法，学校教育法，ならびに地方教育行政の組織及び運営に関する法律は，立法府である国会の審議を経て制定される。一方で，具体的な事項を定める学校教育法施行規則や学習指導要領は行政機関である文部科学省で定められる。この場合，優先されるのは国会が決める「**法律**」である。文部科学省が定める「**省令**」などは，法律で定められた事項を具体的に実現させるためのものである。これら法律や省令などを合わせて，「**法規**」とよぶ。

　教育課程を規定する関係法規のうち，学習指導要領には「**法的拘束力**」があることを，本節では特に強調しておく。堅苦しい語であるが，専門的な用語なので，以下この語を用いて説明する。学習指導要領は，「教育課程の基準として文部科学大臣が別に公示する」（学校教育法施行規則）ものであり，文部科学省告示として「官報」に公示される。実際，冊子体の2008年版学習指導要領には，表紙に「平成20年3月　告示」とあり，「文部科学省」という文字もある。このように，学習指導要領は法的根拠に基づくとされ，従わなければならないという拘束力を伴う。つまり，学習指導要領で定められた事項は，やってもやらなくてもいいという意味ではなく，基本的に必ず

表3-1 教育課程を規定する主な関係法規（中学校の場合を筆者が作成）

法規名	該当条文	内容
教育基本法	1条・2条	教育の目的・目標
学校教育法 ※30条2項，31条，34条，35条は小学校に定められた規定であるが，中学校にも準用される。	21条	義務教育の目標
	30条2項	小学校教育の目標（重点項目）
	31条	児童の体験活動の充実
	34条	教科用図書その他の教材の使用
	35条	児童の出席停止
	45条・46条	中学校の目的・中学校教育の目標
	47条	修業年限
	48条	教育課程に関する事項の権限
学校教育法施行令	29条	学期及び休業日
学校教育法施行規則	24条・25条	指導要録・出席簿
	28条	学校備付表簿，その保存期間
	50条2項	私立学校における宗教教育の特例
	54条	履修困難な各教科の学習指導
	55条	教育課程の研究上の特例
	55条の2	特色ある教育課程編成の特例
	56条	不登校児に対する教育課程編成の特例
	57条	課程の修了・卒業の認定
	58条	卒業証書の授与
	59条・60条	学年（4/1〜3/31）・授業終始の時刻
	61条・62条	休業日（公立・私立）
	63条	非常変災等による臨時休業
	72条	中学校の教育課程の編成
	73条（別表二）	中学校の年間授業時数
	74条	中学校の教育課程の基準
地方教育行政の組織及び運営に関する法律	1条の3	大綱の策定等
	1条の4	総合教育会議
	15条	教育委員会規則の制定等
	21条	教育委員会の職務権限
	33条	学校等の管理
	48条	文部科学大臣又は都道府県委員会の指導，助言及び援助
	49条・50条	是正の要求の方式・文部科学大臣の指示
学習指導要領	各総則編	教育課程編成の一般方針，実施上の配慮事項等

守られなければならない。前述の世界史を中心とした高等学校「未履修問題」（2006年）を例にとれば，学習指導要領で必修とされた世界史を履修しなければ，高等学校の教育課程を生徒はすべて履修したことにならず，結果として高等学校の卒業を認定されないおそれがあった。それゆえ，補習等の対策が国レベルで講じられたのである。

　学習指導要領にどれほどの法的拘束力があるのかは，これまでも議論されてきた。現在では，学習指導要領は国が定める教育内容の最低基準であることが明確にされ，その法的拘束力は教育の機会均等及び教育水準の維持を図るためのものと理解される。学習指導要領は，次の五つの基準としても用いられている。それらは，①教育委員会による各公立学校での授業計画の届出，受理，承認の基準，②教科書の検定及び採択の基準，③教育公務員の勤務評定における基準，④入学試験や全国学力調査の試験問題の作成基準，⑤授業や特別活動の指導を管理する基準，である。つまり，学習指導要領の法的拘束力が強化されれば，①から⑤の基準についても規制が強まることを意味する（天野，1989）。

　国が教育課程の最低基準を定め，指導・助言をする一方で，教育委員会は各学校の組織編制，教育課程，学習指導，生徒指導及び職業指導などに関する具体的な事項の方針を定める。具体的には，各教育委員会が教育委員会規則（学校管理規則）を定めて各学校の教育課程編成を管理する。この教育委員会の権限を定めたものが，「地方教育行政の組織及び運営に関する法律」である。これは，「地教行法」と略される場合もある。

　国や地方が定めた諸基準に従いながら，各学校は教育課程を編成・実施する。したがって，各教師が作成する年間計画や各学期・月・週の指導計画，さらには各時の学習指導案にも，法的拘束力が及ぶと解せる。多くの教員にとって身近な存在である教科書は，学習指導要領を基準にして検定・採択される。そのため，教員も学習指導要領をはじめとする関係法規をよく読み，理解しておく必要があるだろう。

3-2　学習指導要領をめぐる教育課程行政

(1) 学習指導要領改訂の手続き

　教育課程は学習指導要領に基づいて編成される。学習指導要領についての理解を深めることはもちろんのことだが，各学校で教育課程が編成されるまでの経緯も知っておく必要がある。ここでは，学習指導要領が各学校にいきわたるまでの流れを中心に説明する。学習指導要領をめぐる教育課程行政は，「学習指導要領を改訂する段階」「改訂された学習指導要領の趣旨を周知徹底する段階」，そして，「教育現場で実施する段階」という，一連の流れで展開される。なお，教科書行政も教育課程行政に含まれる。詳細は第9章を参照されたい。

　学習指導要領は第二次世界大戦後の1947（昭和22）年に初めて編集，刊行されて以来，2017（平成29）年度までに8回の全面改訂が行われてきた（一部改正等を除く）。そのつど，まったく新しい学習指導要領がつくられるのではなく，時代の変化に合わせて，部分的に手直しされてきたことから，学習指導要領をつくり直すことを**改訂**という。学習指導要領の改訂はその後の学校教育を方向づけることから，数多くのステップを経て慎重に行われる（表3-2）。

　改訂手続きのポイントは三つある。第一に，学習指導要領は常に見直される。学習指導要領はこれまで，ほぼ10年周期で改訂されてきた。2001年の中央省庁改編（文部省＋科学技術庁＝文部科学省，等）に伴い，学習指導要領の改訂時に招集されてきた「教育課程審議会」は，「中央教育審議会初等中等教育分科会教育課程部会」（以下，教育課程部会）として常設化された。これにより，学習指導要領を随時見直すことが可能になった。ただし，全面改訂のように大幅に見直す場合は，結果的にこれまでどおり10年ほど必要であろう。

　第二のポイントは，学習指導要領の改訂は**審議会行政**の手続きをふんで行われる，ということである。文部科学大臣が中央教育審議会に**諮問**し，それを受けて審議会が審議結果を**答申**する。すなわち，お題が与えられ，それに答える，というやりとりである。この手続きを審議会行政という。学習指導要領に関する事項は，教育課程部会での議論を経て，改訂の方針が提示され

表3-2　学習指導要領改訂の手続きの概要（筆者が作成）

STEP 1：文部科学省事務当局による実態調査 （教育課程実施状況調査，学力・学習状況調査，国際学力調査，タウンミーティング等）
STEP 2：文部科学大臣による中央教育審議会初等中等教育分科会教育課程部会への諮問
STEP 3：中央教育審議会教育課程部会での審議
STEP 4：審議のまとめの公表と意見収集
STEP 5：中央教育審議会による答申
STEP 6：学校教育法等関連法規の改正と学習指導要領の告示
STEP 7：学習指導要領実施に向けた移行期間
STEP 8：学習指導要領の全面実施

る。この方針をめぐる議論には，教育の専門家だけではなく，経済界などの有識者らも参加し，特定の考え方に偏らないように配慮される。

　また，より具体的な教育課程の内容構成，項目，時間数，及び指導方法などの詳細も，教育課程部会内の専門部会で検討される。この種の検討は，各領域・各教科・各学校種の専門家が行い，数百名の協力者がかかわる。多くの有識者・協力者がかかわるため，学習指導要領の改訂作業でもっとも困難なことは，利害関係の調整であるともいわれる（水原，2008）。

　最後に第三のポイントは，学習指導要領の改訂作業は基本的に公開される，ということである。文部科学省のWebページで公開される議事録を見れば，編集されている可能性もあるが，おおよそ審議の経過を確認できる。また，審議のまとめが公表された後には，関係団体へのヒアリングや，国民からの意見収集（「パブリック・コメント」もその一例である）が行われる。すべてに応えるわけではないが，いくつかの意見を参考にして，最終的な答申が提出され，それに基づいた法改正が行われる。

（2）学習指導要領改訂趣旨の周知徹底と実践

　改訂された学習指導要領を具体的に実践するうえで，国と各学校をつなぐ役割を担うのが，教育委員会である。教育委員会は，すべての地方自治体に

おかれており，さまざまな分野で活躍する住民同士の話し合いを通じて，地域の教育をどうしていくのかを検討する。話し合いで物事を決定する仕組みを「**合議制**」とよび，特に教育委員会では，教育の専門家ではなく一般住民の参加が基本とされる（住民の「**素人統制（layman control）**」）。また，教育委員会は政治的な影響を受けすぎないために，地方公共団体の首長（知事，市長など）や議会から一定程度独立しており，地域の教育行政において主要な役割と権限を与えられている点に特徴がある。したがって，教育については素人である住民同士の話し合いをまとめ，実行に移す「**行政的専門性**」が教育長には求められる。教育委員会制度の概要は表3-3のとおりである。

　学習指導要領改訂後，教育委員会は文部科学省による改訂の趣旨説明を受け（表3-4の①～③），各学校の管理職だけではなく，教職員全体に趣旨を理解してもらうために，伝達講習会などを開催する（表3-4の④～⑥）。実際には教育委員会事務局に配属された指導主事が中心となり，各学校への具体的な指導・助言が行われる。また，改訂された学習指導要領は告示後2～3年の年数をかけて少しずつ実施されるため，この移行期間中の具体的な

表3-3　教育委員会制度の概要

① 教育委員会は，合議制の執行機関であり，教育長及び委員をもって組織する。
② 教育長と委員は，地方公共団体の長が議会の同意を得て任命する。
③ 教育長（常勤，任期3年）は，教育委員会の会務を総理し，教育委員会を代表する。委員（非常勤，任期4年）は，教育委員会の重要事項の意思決定を行うとともに教育長及び教育委員会事務局の事務執行に対するチェックを行う。委員は原則4名で，毎年委員の一部を改任する。
④ 教育長及び委員の任命については，同一の政党所属者が委員の定数に1を加えた数の2分の1未満でなければならない。また，委員の任命にあたっては，年齢，性別，職業等のバランスを配慮し，保護者も含めなければならない。
⑤ 地方公共団体の長は総合教育会議における協議を経て，当該地方公共団体の教育，学術及び文化の振興に関する総合的な施策の大綱を定める。
⑥ 総合教育会議は，地方公共団体の長及び教育委員会により構成する対等な執行機関同士の協議・調整の場であり，合意した方針の下に，それぞれが所管する事務を執行する。主に教育行政の大綱，教育の条件整備など重点的に講ずべき施策，児童・生徒等の生命・身体の保護等緊急の場合に講ずべき措置について協議・調整する。

注：地方教育行政の組織及び運営に関する法律（平成26年6月20日改正，平成27年4月1日施行）

表 3-4　学習指導要領改訂の趣旨を周知徹底させる方法（水原，2008 をもとに作成）

①	学習指導要領改訂の告示と趣旨説明の文書の通知
②	文部科学省による教育課程連絡協議会（教育長，校長会などが対象）の開催
③	文部科学省編纂の教育雑誌『文部科学時報』『教育委員会月報』『初等教育資料』『中等教育資料』等の発行
④	教育委員会による各学校への伝達講習会の実施
⑤	管内の学校から研究指定校の指名
⑥	管内の学校に対して，公開研究会を実施

　教育課程編成の方法についても，各種講習会や文書などを通じて指導・助言がなされる。

　あわせて，各教育委員会は改訂の趣旨をよく理解したうえで，教育委員会規則（学校管理規則）の見直し，学習指導上の手引き・参考書の作成，及び教科書の採択などを行う。**教育委員会規則**（学校管理規則）とは，各学校の教育課程編成を管理するためのものである。例えば，編成した教育課程や使用する補助教材，学校行事などの届出，承認に関する規定等がおかれる。一部の地域では，独自に地方版の学習指導要領を作成する場合もあるが，現状では多くの教育委員会が教育委員会規則（学校管理規則）に細かい規定を設けない形で，学校の裁量をある程度認めている。

　ただし，各学校が編成した教育課程が国や地方が定めた基準から大きく外れる場合，教育委員会は変更命令を出すことができる。これら一連の背景をふまえて，各学校が児童生徒や学習環境の実態に合わせた教育課程を編成することになる。

3-3　教育課程行政の近年の動向

　ここまで読むと，日本の教育課程行政の仕組みは行政による管理が厳しい，と感じられるかもしれない。しかし，必ずしもそうではない。

　1977 年度（高等学校は 1978 年度）の学習指導要領改訂以降，基本的には国による規制は緩和され，教育委員会や学校にかなりの自由がゆだねられてきた。ただし，それは教育委員会や学校の責任が増すことを意味する。教育課程を計画する段階で厳密かつ詳細な規制がないため，編成された教育課程

の成否は実施後の結果によって判断される。つまり，効果的な教育課程をいかに提供し，学校教育に課せられた目的・目標をどの程度到達したかが，厳しく問われることになる。

近年の教育委員会の関心は，計画された教育課程の届出・認可よりも，実施状況や成果の把握に移行しつつある（露口，2008）。「**ナショナル・ミニマム**（国の最低基準）の達成から，**ローカル・オプティマム**（地域適合化）**の実現**」が求められており，それを実現するための仕組みを教育委員会や各学校は構築する必要がある。コミュニティ・スクール（学校運営協議会制度）の導入・推進や地域学校協働本部の整備などは，その代表的な方策として注目を集めている。

補足：学習指導要領を守らなくてもよい学校がある

1976年以降，文部省（及び文部科学省）は全国の学校の中から**研究開発学校**を指定し，次期学習指導要領を改訂するための実証的資料を収集する仕組みを構築してきた。研究開発学校は学習指導要領によらない教育課程を例外的に編成できる学校であり，実験校としての性格を有する。「生活科」や「総合的な学習の時間」は，研究開発学校の成果をもとに新設された。近年ではスーパー・サイエンス・ハイスクールなど，新たなタイプの実験校もある。ほかにも，内閣府が管理する構造改革特別区域内で，さまざまな先導的試行が行われてきた。構造改革特別区域の特例は，2008（平成20）年4月から文部科学大臣の指定により行われ，「教育課程特例校」と名づけられている。

［緩利　誠］

【引用・参考文献】

天野正輝　『教育課程編成の基礎研究』　文化書房博文社　1989

樋口修資　「教育行財政の基本構造と特質」　樋口修資 編　『教育行財政概説』（pp. 3-19）　明星大学出版部　2007

水原克敏　「わが国の教育課程行政」　柴田義松 編　『教育課程論（第二版）』（pp. 49-58）　学文社　2008

露口健司　「教育課程経営」　河野和清 編　『現代教育の制度と行政』（pp. 80-93）　福村出版　2008

第4章

アメリカ合衆国のカリキュラム改革の動向

4-1 アメリカ合衆国のカリキュラム改革を学ぶ意義

　本章では，アメリカ合衆国（以下，アメリカと略記）のカリキュラム改革の歴史的変遷について説明する。第二次世界大戦終了後，日本の教育はアメリカをモデルにして形づくられ，その後もアメリカに「追いつけ追い越せ」という戦略のもとで構想されてきた。それはかつて日本が実質的にアメリカの被占領国であった事実を省みれば当然である。したがって，次章以降の日本のカリキュラム改革の変遷をより深く理解するためには，まずもってアメリカのカリキュラム改革の変遷について把握しておく必要がある。

　本章を読み進めるにあたって，次の点に注意してもらいたい。アメリカでは各州が教育に関する権限をもち，連邦政府による介入は限られている。したがって，連邦政府が改革の方向性を示しても，必ずしもすべての州で同じカリキュラムが計画・実践されるわけではない。そのため，アメリカの教育を一概に定めることは難しく，本章でとりあげる改革は，その当時のアメリカが目指した特徴的な方向性であることを理解してほしい。

4-2 カリキュラム改革の歴史的変遷にみられる特徴

　カリキュラムの性格を示す概念に,「**経験主義**」と「**系統主義**」がある。前者は,子どもの興味・関心を出発点として,子どもを取り巻く社会・生活と関連させながら,具体的な生活経験をもって学習させることを重視する。一方で,後者は,学問領域の論理に従って学ぶべき知識を順序だてて教え学ばせることを重視する。それぞれの立場からつくられたカリキュラムは,「経験カリキュラム」「人間中心カリキュラム」,他方「教科カリキュラム」「学問中心カリキュラム」,という表現で対比されることもある。もちろん,この大きな二つの立場の間には,さまざまなカリキュラムの類型がある。次の表4-1を参考にしてほしい。

　アメリカと日本のカリキュラム改革は,ある時期には「経験主義」が,別の時期には「系統主義」が重視されるという具合に,二つの立場の間で揺れ動いてきた。この揺れ動きは「振り子（pendulum）」にたとえられる。適度なバランスをとるべきだと考えるかもしれないが,社会や政治情勢が変わると教育への要求も変化するため,簡単に結論づけることはできない。まさに「言うは易し,行うは難し」である。

表4-1　カリキュラムの類型（天野,2001を参照）

- 分離教科カリキュラム（separate subject curriculum）
  　*学問の論理的知識体系をただちに教科の内容とするカリキュラム
- 関連（相関）カリキュラム（correlated curriculum）
  　*教科の区分を踏襲しつつ,教科の間の相互関連を図ったカリキュラム
- 融合カリキュラム（fused curriculum）
  　*教科の学習を中心とするが,教科の間の境界を撤廃したカリキュラム
- 広（領）域カリキュラム（broad-fields curriculum）
  　*教科の枠組を取払い,広（領）域で教育内容を編成するカリキュラム
- コア・カリキュラム（core curriculum）
  　*生活現実の問題解決を学習する「中核課程」と,それに必要な限りで基礎的な知識や技能を学習する「周辺課程」からなるカリキュラム
- 経験中心カリキュラム（experience-centered curriculum）
  　*一切の教科の存在は認めず,子どもの興味と目的をもった活動からなる総合的な単元で全体が組織されるカリキュラム

次節以降，経験主義と系統主義という二つの立場の揺れ動きに注目しながら，各年代の改革について概説する。各年代の立場とキーワード，関連主要文献・法規・報告書等に注目しながら，読み進めてもらいたい。

4-3　アメリカのカリキュラム改革の歴史的変遷

(1) 20世紀初頭のカリキュラム——教育のコペルニクス的転回

20世紀初頭のアメリカでは「経験主義」に基づいたカリキュラムが注目を浴びていた。理論的指導者であった**デューイ（J. Dewey）**は「子どもが太陽になり，その周囲を教育の諸装置が回転する」，すなわち，教育の中心を「教師」ではなく「子ども」に移し，教えられるべき「知識」ではなく学習を通じて蓄積される「経験」を重視するべきだと唱えた。この考えは非常に新鮮であったため，天動説から地動説への転回を論じた人物であるコペルニクスにちなみ，**教育のコペルニクス的転回**とよばれる（『学校と社会』，1899年）。この考え方は，子ども中心主義ともよばれる。

デューイによれば，転回前の教育は「**旧教育**」とされ，子どもの生活からかけ離れた学問的知識を一斉授業の形式で教師が一方的に伝達する教育として批判された。一方，転回後の教育は「**新教育**」とよばれ，子どもを取り巻く社会や生活に見受けられる身近な問題を題材として用い，その解決を図る問題解決学習を重視する。子どもの経験を重視するこの思想は「**なすことによって学ぶ（learning by doing）**」と表現されることもある。

その後デューイの思想は新教育運動とよばれる世界的な学校改革運動に結実し，大きな広がりをみせた（佐藤，1996）。デューイ自身もシカゴ大学に実験学校を設立して独自のカリキュラムを実践しており，アメリカ各地でもカリフォルニア・プランやバージニア・プランなどのさまざまなプランが提唱された。日本でも大正と昭和（第二次世界大戦直後）の各期にそれらが紹介され，新教育として実践された。

しかし，さまざまな新教育の実践が行われる一方で，批判も繰り広げられるようになる。「**はいまわる経験主義**」と批判されるように，活動や体験を行うことのみが重視されるあまり，どのような知的探究が行われ，何を学習したのかが不問とされた。ほかにも，子どもの生活に直接関係しない事柄や

学問体系に基づいた系統的な教育内容の伝達を軽視した点に，批判が集中した。知的探究を充実させるためには，まず学問的な知識を順序だてて教授・学習する必要があるという批判である。

（2）1960年代のカリキュラム改革――「教育内容の現代化」

　第二次世界大戦後の冷戦下（資本主義諸国家と，社会主義・共産主義諸国家との，政治的・経済的・軍事的対立）において，新教育批判を激化させた出来事が，1957年のソビエト社会主義共和国連邦（以下，ソ連と略記）による世界初の人工衛星スプートニク号の打ち上げ成功であった。人工衛星の打ち上げ成功は，ソ連の科学技術が軍事的に高いことを裏づけ，アメリカにとって軍事的な脅威となった。ソ連に遅れをとったアメリカは，新教育が科学技術開発の停滞を生み出したと考え，1958年に「**国家防衛教育法（Nation Defense Education Act）**」を制定し，国防のための教育改革を強烈に推進した。その特徴は，新教育から，学問的知識の伝達を重視する系統主義，すなわち，学問中心カリキュラムへの転換にある。

　カリキュラムの見直しにあたり，アメリカは学校教育において古典的な学問的知識ではなく，最先端の内容を学ばせることを急ぐことになる。このカリキュラム改革の一連の流れは，「**教育内容の現代化**」とよばれる。これに理論的基盤を与えたのが，教育内容の更新を意図して開催されたウッズホール会議である。その成果は会議の座長を務めたブルーナー（J. S. Bruner）によって『**教育の過程（*The Process of Education*）**』（1961年）としてまとめられ，特に，彼の名前を冠した仮説（「ブルーナー仮説」）がカリキュラム改革に大きな影響を及ぼした。この仮説は，「どの教科でも知的性格をそのままに保ちながら，発達のどの段階の，どの子どもにも効果的に教えることができる」というものである。

　この仮説によれば，最先端の学問的知識に関する教育内容であっても，工夫すれば小学校低学年から教えられることになり，実際に数百にのぼるカリキュラムが研究者グループによって考案，実施された。これらは「**新カリキュラム**」ともよばれる。表4-2のとおり，新カリキュラムは理数系教科が多いが，文系科目についても，HSGP（The High School Geography Project）の地理やMACOS（Man: A Course of Study）という文化人類学を教え

表4-2　新カリキュラムの例（今野，1983）

- PSSC（物理学研究委員会 The Physical Science Study Committee）の物理
- SMSG（数学教育研究グループ The School Mathematics Study Group）の数学
- UICSM（イリノイ大学数学教育研究委員会 The University of Illinois Committee on School Mathematics）の数学
- BSCS（生物学カリキュラム研究委員会 Biological Sciences Curriculum Study Group）の生物
- CBA（化学結合研究会 The Chemical Bond Approach）の化学
- CHEMS（化学教材研究会 The Chemical Education Materials Study）の化学

るカリキュラムなどもあった。

　しかし，新カリキュラムのほとんどは結果的に破綻した。いろいろな原因が考えられるが，主に①最先端の学問的知識を咀嚼し教材化する教師の力量不足，②最先端の学問的知識についていけない，いわゆる「落ちこぼれ」の増加，③すべての子どもが最先端の学問的知識を学ぶことに対する必然性の欠如，などがあげられる。

（3）1970年代のカリキュラム改革
──「学校の人間化」と「教育の平等化」

　「教育内容の現代化」運動が盛んであった1960年代のアメリカは，冷戦下のソ連との対立という国家間の緊張だけではなく，その他にも深刻な社会問題を抱えていた。それらは，人種差別を問題視する公民権運動（African-American Civic Rights Movement，1960年代初め～）やベトナム戦争への反戦運動，学園紛争（1960年代中ごろ～）である。

　これらの運動により，一方では「教育の平等化」が求められるようになった。例えば，**経済機会法や初等中等教育法**が制定され，これまで教育を受ける機会に恵まれなかった少数民族や貧困階層の子どもに特別な補償教育を施す教育政策がとられた。テレビ番組「セサミストリート」で有名なヘッドスタート計画は，その代表的な政策の一つである。他方では，既存の社会秩序に対する不信・反抗が生み出され，その結果，社会秩序を維持する学校制度の管理的な特徴も批判されるようになった。シルバーマン（C. E. Silberman）の『**教室の危機**』（1970年）やイリッチ（I. Illich: イリイチともいう）

の『脱学校の社会』(1971年)は，その代表的な著作であり，日本でも翻訳された。

では，1970年代のカリキュラムはどのように改革されたのか，そのキーワードは「**学校の人間化**」と「**レリバンス（relevance）**」(関連性) である (橋爪，1992)。すなわち，実生活と関連した子どもにとって切実で，役に立つ教育内容を扱うカリキュラムこそが，人間的な教育の中心とされた。そのため，教育内容の現代化は「国家のために人的資源を育成することに重点をおいて，一個の人間としての生徒に奉仕する姿勢が足りなかった」などと反省されるに至った。これは「学問中心カリキュラム」から「人間中心カリキュラム」への転換を意味しており，その結果，子どもの主体性や活動性に配慮したカリキュラムが編成されるようになった。

学校現場では，「学校の人間化」は，オープン・エデュケーション（インフォーマル・エデュケーション）として具体化された。それは①校舎・教室等，学校施設のオープン化，②学年・学級編成のオープン化，③カリキュラム及び教授-学習活動におけるオープン化などを特徴とする（山田，2009)。カリキュラムは，子どもの能力や適性，興味・関心に応じて多様化され，特に高等学校では必修教科に比べて選択教科が急激に増加した。多種多様なメニューの中から子どもが選べることから「**カフェテリア・スタイル**」ともいわれ，学習の個別化・個性化を促す仕組みであった。

しかし，カリキュラムの多様化は，子どもの欲求に過度に合わせた形で進められたことに問題があった。実際には国語，算数，理科，社会などの学問的教科ではなく，自動車運転教育や結婚生活と成人生活のための訓練などという，非学問的な教科が増えた（橋爪，1992)。そのため，「読・書・算」といった基礎・基本を学ぶ必修教科が軽視され，前菜とデザートがメインコースであると誤解されるような状況が生じた。これは，個々人が偏食を続け，必要な栄養素を摂取しないまま，容易に学校を卒業できるという事態を，皮肉って表現している。その結果，高等学校卒業までに習得すべき基本的な学問的教科の学力が低下したことは，当然であろう。

(4) 1980年代のカリキュラム改革——「基礎に戻れ」

1970年代の教育に対して，保護者や一般住民は1970年にシルバーマンが

表4-3 『危機に立つ国家』に示された改革案（アメリカ教育省他，2002）

① 各州・各地域が定める卒業要件の厳格化と目的・目標の明確化
② 新基礎五科目（国語，数学，理科，社会，コンピュータサイエンス）と外国語（大学進学希望者のみ）の必修化
③ 評価基準の明確化と標準学力テストの実施
④ 就学時間の延長と年間授業日数の増加
⑤ カリキュラムを実践する教員の適格性の評価の実施（在職中も含む）等

指摘した危機とは対照的な「教育の危機」を感じていた。それは子どもの「基礎学力」と「規律・秩序」の欠如である。この「危機」は，その後，「基礎に戻れ」運動につながり，1980年前後のアメリカがおかれた状況の中で，より深刻に受け止められた。当時のアメリカは自動車や鉄鋼などの基幹産業で国際競争力を失いかけており，それは国家の危機をも意味していた。国力低下の現状を憂い，共和党のレーガン政権は経済競争力低下の原因を教育の失敗に求めながら，新たな希望も教育に託そうとした。

教育改革の内容は，連邦教育省長官のベル（D. Bell）の諮問委員会である「教育における卓越性に関する全米委員会」によって**『危機に立つ国家（A Nation at Risk）』**（1983年）という報告書にまとめられた。その副題は「教育改革のための至上命令」であり，ここからも当時の連邦政府の熱意がうかがえる。カリキュラムについては，表4-3の改革案が主に提示された。

『危機に立つ国家』は，経済競争力低下による国家の危機を初発の問題意識とする。いわば，国防のための教育改革である。改革の内容は「系統主義」「学問中心カリキュラム」への転換を求めており，再度「振り子」が揺れ動いたことを示している。これは先述した1960年代の冷戦下における「教育内容の現代化」と同じ理屈である。ただし，「教育内容の現代化」が科学技術に秀でたエリートの育成を目指したのに対して，『危機に立つ国家』は教育の機会均等と公正さ（equity）を保障しながら卓越性（excellence）を追求する点で，やや異なる。

「学校の人間化」「レリバンス」から「系統主義」「学問中心カリキュラム」へと転換した背景には，当時，高度経済成長を成し遂げ台頭してきた日本の存在もあった。アメリカはかつての被占領国であった日本の教育から学ぼう

とした。特に，高校までのすべての子どもに対する普通教育の量的拡大と知的水準の平均的な向上という点で，アメリカは日本の初等中等教育を高く評価した。日本の初等中等教育の成果は，教育の機会均等や公正さの理念の上に成り立っており，卓越性は一部のエリートの特権ではなく，すべての子どもに求められるべきとされていた。

（5）『危機に立つ国家』以後のカリキュラム改革——三つの「C」

1980年代以降から現在に至るまでの改革は，『危機に立つ国家』で示された方向性を基本的に継承し，三つの「C」をスローガンとして進められた。それらは**学校選択**（choice），**伝統的な品性教育**（character），**学問的基礎教科**（contents）を重視する改革である。つまり，学力とモラルの向上が至上目的であった。

レーガン政権後，教育改革を推進したのは，1989年に大統領に就任した共和党のブッシュ（G. H. W. Bush，以下ブッシュ（父））である。ブッシュ（父）は1990年に全米知事を集めて教育サミットを開催し，教育の全米目標を提示した（表4-4）。それらの目標を具体的に達成するために，1991年に『**2000年のアメリカ：教育戦略**（America 2000 : An Education Strategy）』を大統領の責任で宣言した。教育戦略上，重要視されたのは，新しいタイプの学校の設立（チャーター・スクールやマグネット・スクールなど）と学校選択制の導入，カリキュラムの「全米基準（national standard）」の設定とその達成度を評価する全米学力テストの開発・実施であった。

ブッシュ（父）政権後，1992年に就任した民主党の**クリントン大統領**

表4-4　2000年までに達成すべき6つの教育の全米目標（佐藤，1997）

① すべての子どもは，小学校への就学までに学習の用意ができる。
② ハイスクールの卒業率を，少なくとも90％まで高める。
③ 児童・生徒は，4，8，12学年において英語，数学，理科，歴史，地理の一定水準の学力を習得して進級させる。
④ アメリカの児童・生徒は，数学と理科で世界一の学力を持つ。
⑤ アメリカのすべての成人は，世界規模での経済で競争し，市民としての権利と義務を行使できるだけの知識・技能を持った識字者になる。
⑥ すべての学校は麻薬と暴力を追放し，学習できる規律のある環境を提供する。

(W. J. B. Clinton)は，ブッシュ（父）による教育戦略を発展させる形で踏襲した。クリントンは表4-4の全米目標にさらに二つの目標，「学校への親の関与・参加の機会を増やす」と「教員の能力開発・専門性を強化する」を追加し，「**2000年の目標：アメリカ教育法**（Goals 2000 : Educate America Act）」を成立させ，改革の推進を後押しした。

　2000年を一つの区切りにして設定された全米目標ではあったが，それらの達成度は芳しくなく，それ以降も学力向上は課題にされ続けてきた。例えば，2001年に大統領に就任した共和党のブッシュ（G. W. Bush，以下ブッシュ（子））は「**落ちこぼれをつくらないための初等中等教育法**（No Child Left Behind Act : NCLB）」を2002年に成立させた。これは学力向上に加え，貧困地域出身者やマイノリティの成績格差の縮小を目的にしており，説明責任（accountability）を重視した各州の教育改革をさらに徹底する法律である。ブッシュ（子）政権後，2009年に就任した民主党のオバマ大統領（B. H. Obama）の政権下においても，これまでの基本的な方針は踏襲された。オバマ政権の8年間の教育改革の特徴は，①NCLB法以上に「競争と結果」を重視した「頂点への競争（Race to the Top : RTTT，2009年）」政策の立案・実施，②IT教育の普及・浸透による情報関連のハイテク企業への市場拡大，③NCLB法の改定による「全ての生徒が成功する法（Every Student Succeeds Act : ESSA，2015年）」の制定などである（北野，2017年）。ブッシュ（子）・オバマ政権と続いた連邦政府の権限拡大はESSAの成立によって制限され，州や学区の自由裁量が大幅に認められるようになった。ただし，現在に至るまでハイステイク・テストを中心とする政策の基本的枠組み自体に変化はない。

　1980年代から現在に至るまでのカリキュラム改革は，共和党から民主党へ，民主党から共和党へという数回にわたる政権交代にもかかわらず，基本的には三つの「C」をスローガンとする改革戦略を踏襲してきた。その戦略は次のとおりである。すなわち，教育の質を高めるために，①全米基準を策定し，それに依拠した学力テストを実施する。これにより，教育の達成度を目に見える形で公表し，各学校に説明責任を果たすことを要求する。②それと同時に新しいタイプの学校を設立し，かつ学校選択制を導入することによって，保護者による選択肢を増やし，学校間に競争を生み出す。③保護者

は，学力テストの結果や学校の安全さで学校を選択し，各学校は選択されるために教育の質の向上を図る，というものである。ここには，教育の結果をもって教育の質をコントロールする戦略がみてとれる。

4-4　アメリカと日本のカリキュラム改革路線の「分岐」と「共通性」

　1980年代までの日本のカリキュラム改革は，基本的にはアメリカの「後追い」であった。しかし，1980年代にアメリカが「学問中心カリキュラム」に舵を切ったのに対して，日本はむしろ「経験主義」「人間中心カリキュラム」をより強化する方向で改革を進めた。すなわち，「ゆとりの中で生きる力」をはぐくむ路線である。具体的には，教育内容や授業時数の削減をはじめ，生涯を通じて学び続ける応用学力を養うための体験学習や問題解決学習の機会が，積極的に導入された。その前提には国際的に高い基礎学力があった。

　これまでほぼ10年を一つのサイクルとして揺れ動いてきた「振り子」は，両国ともに1980年代以降，現在に至るまで基本的には一つの大きな動向の中で重点の移行を図る形をとっている。両国ともに異なったアプローチをとるものの，近年では，着地点を「基礎・基本の着実な習得の上に個性や創造性を伸ばす」ことに求める点で共通する。グローバル社会で激化する国家間の競争を生き残るためには，いずれの国にとっても教育の質の向上が喫緊の課題であり，理想的なモデルがない中で，さまざまなアプローチの仕方が模索されているといえるだろう。

［緩利　誠］

【引用・参考文献】
天野正輝　「カリキュラムの類型」　日本カリキュラム学会 編　『現代カリキュラム事典』
　　　（pp. 16-17）　ぎょうせい　2001
アメリカ教育省他 著／西村和雄・戸瀬信之 編訳　『アメリカの教育改革』　京都大学学術
　　　出版会　2004
橋爪貞雄　『2000年のアメリカ』　黎明書房　1992
北野秋男　「オバマ政権の教育改革」　日本国際教育学会　『国際教育』23（pp. 1-16）

2017
今野喜清　「学問中心カリキュラム」　岡津守彦 監修　『教育課程事典総論編』（pp. 154-156）　小学館　1983
佐藤学　『教育方法学』　岩波書店　1996
佐藤三郎　『アメリカ教育改革の動向』　教育開発研究所　1997
山田恵吾　「教育課程の成り立ちと基本構造」　山田恵吾・藤田祐介・貝塚茂樹　『学校教育とカリキュラム（新訂版）』（pp. 14-34）　文化書房博文社　2009

第5章

学習指導要領の歴史的展開（1）
—— 1947年版（試案），1951年版（試案）——

5-1　学習指導要領の起源

　この章から始まり，第8章まで，1947（昭和22）年版以降の学習指導要領の変遷について述べる。多くの内容について，自分が生まれる前の話ばかりだ，昔の話はイメージがわかない，と感じる読者も多いだろう。とはいえ，過去の教育課程は，現在と無縁ではない。過去の教育課程で学んだ人々は，若い読者の親世代だったり，祖父母世代だったりするからである。今日の「日本」がつくりあげられてきた前提には，前の世代の教育課程が必ずある。

5-2　『学習指導要領解説 総則編』にみる改訂の経緯

　小学校・中学校とも，『学習指導要領解説 総則編』には，（資料）として「**学習指導要領等の改訂の経過**」（以下，「改訂の経過」と略）がある。従来の改訂の要点が簡潔に記されており，役に立つ。ただし，小学校と中学校とでは，内容がやや異なる。また，『高等学校学習指導要領解説 総則編』（2018（平成30）年7月）には，この種の資料がない。

「改訂の経過」は要点のみが記されており，当時の背景まではとらえにくい。そこで，「改訂の経過」に沿って要点を述べ，適宜説明を加える。

5-3　1947年版（試案）
——中学校，社会科，自由研究，男女共学

『小学校学習指導要領解説　総則編』の「改訂の経過」によれば，1947年版の『学習指導要領　一般編（試案）』にみられる小学校の教科課程（当時）の特色は，次のとおりである。

　　ア　従来の修身（公民），日本歴史及び地理を廃止し，新たに社会科を設けたこと。
　　イ　新たに家庭科を設けたこと。
　　ウ　新たに自由研究を設けたこと。
　　エ　各教科の授業時数を改めたこと。

「ア」のとおり，「社会科」は戦後民主主義を象徴する新教科である。それまでの「修身(しゅうしん)」，「日本歴史」及び「地理」は，いずれも占領軍（GHQ，連合国軍最高司令官総司令部）により，軍国主義的として即時中止の指令を受けた教科である。修身は明治時代から続く「教科」だった。当時の修身や社会科を詳しく説明する紙幅はないので，図書館や古書店，あるいは復刻版で，教科書を手に取ってみてほしい。

「イ」は，「改訂の経過」によれば，「従来女子だけに課していた裁縫や家事と異なり，男女共に課し，望ましい家族関係の理解と家族の一員としての自覚の下に，家庭生活に必要な技術を修めて生活の向上を図る態度や能力を養うことを目標とした」とされる。明らかに**男女共学**の考えをうかがえる。ただし，内容の扱いまで完全に男女同一，というわけではなかった。

「ウ」の「**自由研究**」は，今日夏休みに課される宿題のことではない。当時の「自由研究」は，教科の一つという扱いだった。「改訂の経過」によれば，「教科の発展として行う活動や学年の区別なく同好の者が集まって行うクラブ活動などを行う時間」とされた。加えて，「児童が学校や学級の全体に対して負うている責任を果たす——たとえば，当番の仕事をするとか，学級の委員としての仕事をするとか」（『学習指導要領　一般編（試案）』，第三

章「教科課程」，二「小学校の教科と時間数」の（四），1947年）も含まれる，とされた。おおよそいまでいう**教科外活動**，特別活動にあたる内容，と考えればよいだろう。

「エ」は，1年間に35週という現在に続く考え方などが示された。

中学校の場合，「**3年制，義務教育，前期中等教育**」という制度それ自体，新しいものだった。いわゆる新学制，6-3制の開始である（1947（昭和22）年）。中学校の教科課程（当時）は，**必修教科**と**選択教科**とに大別された。また，「小学校で独立の教科だった家庭科は，中学校では職業科の中の一つの科目になって，生徒は農，商，工，水産，家庭のうちの一科目又は数科目をきめて学習する」（『学習指導要領 一般編（試案）』，第三章「教科課程」，三「新制中学校の教科と時間数」の（一），1947年）とされた。教科「**職業科**」は，必修教科・選択教科ともに扱われた。当時，新制高等学校への進学率は50％未満であり（1950（昭和25）年で42.5％。「学校基本調査」による），中学校卒業後，ただちに就職する人も多かった。

（1）1947年版（試案）の位置づけ

日本初の学習指導要領である1947年版は，その民主主義的な内容もさることながら，（**試案**）の文字が付されていたことが最大の特徴だろう。ここまでの章で少しふれてきたとおり，初期の学習指導要領には（試案）の文字が付され，その**法的拘束性**（規範性）は明確ではなかったからである。

先に述べたとおり，1947（昭和22）年の4月1日から，新学制（6-3制）が開始された。それに先立つ同年3月20日に，1947年版『学習指導要領 一般編（試案）』が文部省より「出版」された。実は，この3月20日の時点では，**教育基本法**（同年3月31日公布）・**学校教育法**（同年3月31日公布）・**学校教育法施行規則**（同年5月23日公布）は，いずれも公布されていなかった。学習指導要領（試案）が先に出て，後から諸法規が整ったことになる。その刊行過程のあわただしさは，次の文章からもうかがえる。

　　新しい学年のために短い時間で編集を進めなければならなかったため，すべてについて十分意を尽くすことができなかったし，教師各位の意見をまとめることもできなかった。ただこの編集のために作られた委

員会の意見と，一部分の実際家の意見によって，とりいそぎまとめたものである。この書を読まれる人々は，<u>これが全くの試みとして作られた</u>ことを念頭におかれ，今後完全なものをつくるために，続々と意見を寄せられて，その完成に協力されることを切に望むものである。

　　（資料：文部省　『学習指導要領　一般編（試案）』，序論の一「なぜこの書はつくられたか」　1947年（下線部は引用者による））

　下線部の「新しい学年」は新学制（6-3制）による新年度の開始，「全くの試みとして作られた」は（試案）を付した理由と，それぞれ考えられる。このように法的な整備が十分ではないまま，1947（昭和22）年4月からの新学制に間に合うよう急いで作成された事情が，（試案）とされた背景にある。さらに当時，学習指導要領よりも教科書が最優先でつくられており，教科書出版→学習指導要領（試案）発行→諸法規公布という，現在とは逆の流れで手続きが進められた（水原，1992，pp. 37-39，pp. 129-130を参照）。

　なお，1947年版『学習指導要領　一般編（試案）』は小中学校を合わせた内容であり，現在のように『小学校学習指導要領』と『中学校学習指導要領』とに分かれていなかった。また，新制高等学校は1948（昭和23）年4月より開始されることになっていたため，1947年版に高等学校の内容は含まれていなかった。高等学校については，1948（昭和23）年4月，「新制高等学校の教科課程に関する件」として，文部省学校教育局長名の通達が出された。この通達では，「『学習指導要領』一般編第三章の補遺（引用者注：ほい，補ったもの）として，その教科課程について概略を述べる」とされ，高等学校の教科課程（当時）について，詳細が示された。

（2）1947年版（試案）の改訂の手続き

　1947年版学習指導要領は（試案）を付して急ぎ出版された。そのため，不備は明らかであった。例えば，現在のように一括で示されず，「5月に社会科，理科，算数・数学科，6月に音楽，12月に国語」（山田他，2003，p. 117）と，各科編（試案）はまちまちに刊行された。これでは，各教科間の内容の調整やまとまりに欠けることは，想像がつく。先述のとおり，教科書が学習指導要領よりも先に出版されており，両者の整合性も問題になる。

表5-1　1947年版の出版から改訂までの経緯（水原, 1992；山田他, 2003をもとに筆者作成）

1947（昭和22）年3月	文部省『学習指導要領　一般編（試案）』，出版
同　　　　　4月	新学制（6-3制），開始
1948（昭和23）年	学習指導要領使用状況調査，開始（昭和24（1949）年まで） 　　全国の学校中，3000校以上が参加 実験学校における研究，編集委員会による問題点の研究を実施
1949（昭和24）年	文部省に教育課程審議会を設置するよう，法整備される 文部省通知「『新制中学校の教科と時間数』の改正について」 　　自由研究廃止→特別教育活動へ，教科名の変更など
1950（昭和25）年	教育課程審議会，設置される 　　同審議会，小学校について次の内容を答申 　　　　家庭科の存否，毛筆習字の課程の取扱い， 　　　　自由研究の存否，総授業時数の改正など
1951（昭和26）年	教育課程審議会，道徳教育の振興について答申（小中）
同	『学習指導要領　一般編（試案）』改訂版，刊行

　年表（表5-1）に示すとおり，文部省（当時）は短期間のうちに1947年版の改訂作業に着手した。

　年表中，「**教育課程審議会**」は，特に説明を要する。現在も，学習指導要領を改訂する際には，ほぼ【大臣が審議会へ諮問（おたずね）する→大臣からの諮問をうけて審議会で審議する→審議会は審議の結果をまとめて大臣へ答申（おこたえ）する（必要に応じ，中間報告等を発表する）→この答申に基づき学習指導要領を省内等で改訂する→大臣名で官報に告示する】という手続きがとられる。【　】内の一連の手続きは，1950（昭和25）年の教育課程審議会設置によるところが大きい。

5-4　1951年版（試案）
——教育課程，自由研究廃止，道徳教育，％

　1951（昭和26）年，1947年版を全面改訂した『学習指導要領　一般編（試案）』及び『各科編』が出版された。高等学校の内容が含まれるなど，内容は変わったが，根本的な考え方は変わらないとされた。「改訂の経過」等によれば，1951年版の特徴として，およそ次の4点を指摘できよう。

1　教科課程の語を改め，教育課程とした。
　　2　「自由研究」を廃止した。
　　3　道徳教育の重要性，及び学校教育全体での実施を明記した。
　　4　小学校では教科を4領域にまとめ，それぞれの時間配当を百分率（％）で示した。

　「1」は，教科外活動が整備される経緯と結びつく。第1章1-4（3）で述べたとおり，教育課程は教科と教科外活動から構成され，現在の日本では教科外活動として，「外国語活動（小学校中学年）」，「総合的な学習（高校は「探究」）の時間」及び「特別活動」がある。1951年版において，**教科課程**が**教育課程**へと改められたことは，「2」の**自由研究の廃止**と関係する。

　「2」は，文字どおり，1947年版の新教科「自由研究」が1951年版で廃止されたことをさす。実際には「自由研究」は発展解消され，小学校では「**教科以外の活動**」と改められた。中学校では，1951年版に先立ち，1949（昭和24）年に「**特別教育活動**」に改められた（表5-1の年表を参照のこと）。中学校の「特別教育活動」の内容として，1951年版では「ホームルーム，生徒会，クラブ活動，生徒集会」が例示された。高等学校の「特別教育活動」は，この中学校の例示を参照することとされた。

　「3」は，このころは「道徳の時間」という決まった「枠」が存在しない，という点に注意すべきである。1947年版の一般編（試案）中，「道徳」という語句は3カ所あるが，詳しい説明はなく，「道徳教育」という語もなかった。これに比べ，1951年版一般編（試案）では次のとおり詳述され，道徳教育はあらゆる機会に計画的に実施される必要があるとされた。中学校や高等学校の箇所でも，小学校の道徳教育の箇所を参照するよう求められた。

　　民主社会における望ましい道徳的態度の育成は，（中略）学校教育のあらゆる機会をとらえ，周到の計画のもとに，児童・生徒の道徳的発達を助け，判断力と実践力に富んだ自主的，自律的人間の形成を目ざすことによって，はじめて期待されるであろう。したがって道徳教育は，その性質上，教育のある部分でなく，教育の全面において計画的に実施される必要がある。教育の全体計画において，児童・生徒の道徳的発達を

期しようとするならば，社会科を初め各教科の学習や特別教育活動が，道徳教育のためにどのような役割をもつべきであるかということが，明らかにされていなければならないであろう。(資料：文部省『学習指導要領 一般編（試案）』「Ⅱ 教育課程」「1.小学校の教科と時間配当」「(1) 教科内容について」の「(d) 道徳教育について」 1951年)

また，「2」との関連でいえば，「教科以外の活動」（小学校）と「特別教育活動」（中学校，高等学校）は，いずれも道徳教育としての側面も期待されていた。次の引用は小学校の「教科以外の活動」の箇所からであるが，中学校及び高等学校でも，小学校の箇所を参照するよう求められた。

> 教科以外の活動が，適切に指導されるならば，児童を望ましい社会的行動に導くことができ，道徳教育として目ざすものの多くをも，実践を通じて体得させることができるであろう。(資料：文部省『学習指導要領 一般編（試案）』「Ⅱ 教育課程」「1.小学校の教科と時間配当」の「(2) 自由研究の時間に代って，新たに教科以外の活動の時間を設けたことについて」 1951年)

「4」は，①教科を四つの経験領域に分けたこと，及び②各領域の時間数の割合を総授業時数に対する％で示したこと，の双方をさす。①は，国語科と算数科を「学習の技能を発達させるに必要な教科」，社会科と理科を「社会や自然についての問題解決の経験を発展させる教科」，音楽科・図画工作科・家庭科を「創造的表現活動を発達させる教科」，体育科を「健康の保持増進を助ける教科」とした。この領域分けは，複数の教科を組み合わせる点で，「合科（ごうか）」という考え方に近い。②では，低中高学年によって異なるが，総授業時数に占める各領域の％を，それぞれ35～45，20～35，15～25，10～15と例示した。この点1947年版では，例えば4年生の国語科245，体育科105と，1年間の「授業時数」で示されていた。ただし，①②ともに小学校に限ったことであり，中学校や高等学校では特に教科の領域は例示されず，教科ごとの配当時間も授業時数や単位数で示されていた。

1951年版（試案）の位置づけ

　1951年版は，急ごしらえで不備の多かった1947年版の改訂版という性格が強く，1947年版と同様に1951年版にも（**試案**）という文字が付された。これ以外にも，両者の基本的な立場は共通する。これら（試案）期の学習指導要領は，「**経験主義**」「**経験カリキュラム**」などと称される。「経験カリキュラム」とは，「学校の教育活動の展開に当たって<u>望ましい生活経験</u>を基本的な教育内容とし，その経験を組織的に展開するように編成されたカリキュラムの総称」（長谷川，2001，p. 19: 下線は引用者による）とされる。経験カリキュラムは，アメリカ合衆国の教育学者・哲学者，**デューイ**（J. Dewey）の教育理論や，**児童中心主義**，問題解決学習といった語と関連がある。

　当時，日本は実質的にアメリカ合衆国による占領下にあった。このことが（試案）期の学習指導要領に与えた影響は絶大だった。1952（昭和27）年4月にサンフランシスコ講和条約が発効し，日本は連合国との戦争状態を終え，主権を回復し，再独立を果たした。再独立に至るまでの被占領期間，日本は，出版物の検閲や伝統文化の統制などを受けつつ，当時のアメリカ合衆国から多大な文化的影響を受けた。学校教育でも，戦前の教育制度や教育内容を改廃し，アメリカ合衆国の様式を「輸入」した。経験カリキュラム，男女共学，6-3制，社会科は，いずれも当時の「輸入」の例といえる。

　ともに（試案）期の学習指導要領である1947年版と1951年版は，敗戦に続くアメリカ合衆国による占領を抜きには語れない，といえよう。

補足1：省庁再編，教育課程審議会と中央教育審議会との関係

　2001（平成13）年の中央省庁再編に伴い，それまでの**文部省**と**科学技術庁**とが一体化して，新たに「**文部科学省**」となった。その際に，諸審議会が大幅に再編された。このときに教育課程審議会は廃止され，現在この名称の審議会はない。従来の教育課程審議会が果たしてきた役割は，**中央教育審議会**に新設された「初等中等教育分科会教育課程部会」が担当することとなった。以前は学習指導要領の改訂時に集中して教育課程審議会が開かれていたが，新しい「教育課程部会」は常設化され，現在に至っている。

補足２：「経験」対「系統」，３R's（３Rsと書く場合もある）

　「経験主義」「経験カリキュラム」「生活カリキュラム」の対義語は，「**系統主義**」「**教科カリキュラム**」「**学問中心主義**」などとよばれる。

　教科カリキュラムは系統主義の典型であり，「教育内容を教科の体系に基づいて編成して展開する」（長谷川，2001）とされる。系統主義は，いわゆる３R's（スリーアールズ：reading, writing, arithmetic．読・書・算のこと）に代表される基礎学力重視の考えとも関連が深い。

[根津朋実]

【引用・参考文献】
長谷川栄　「経験カリキュラム」　日本カリキュラム学会 編　『現代カリキュラム事典』
　　　ぎょうせい　2001
水原克敏　『現代日本の教育課程改革』　風間書房　1992
文部省　『学習指導要領 一般編（試案)』　1947
文部省　『学習指導要領 一般編（試案)』　1951
文部科学省　「学習指導要領等の改訂の経過」『小学校学習指導要領解説 総則編』及び
　　　『中学校学習指導要領解説 総則編』所収　2017
山田恵吾・藤田祐介・貝塚茂樹　『学校教育とカリキュラム』　文化書房博文社　2003

第6章

学習指導要領の歴史的展開（2）
——1958年版，1968年版，1977年版——

6-1 再独立後から高度経済成長期の学習指導要領

　この章では，1958年版，1968年版，及び1977年版の学習指導要領について説明する（いずれも小学校の学習指導要領改訂年であり，中・高は前後する場合がある）。再独立後，**東西冷戦**の中で日本が**経済大国**への道を歩んだ時期であり，学習指導要領にも時代の背景が色濃く反映されている。

　前章と同様，「改訂の経過」に沿いつつ説明を加える。

6-2 （試案）のない1958年版

　まず当時の背景について，諸資料に基づき，略年表を示す（表6-1）。
　「改訂の経過」では，1958年版学習指導要領の改訂に先立ち，学校教育法施行規則の一部改正にふれている。改正点の筆頭として，小中ともに「改訂の経過」が指摘したのは，学習指導要領の性格に関する**法的根拠の整備・変更**だった。すなわち，「学習指導要領は，教育課程の基準として文部大臣が公示するものであると改め，学校教育法，同法施行規則，告示という法体系を整備して教育課程の基準としての性格を一層明確にした」と。関連して，

表6-1 1958年版前後の略年表（水原，1992；山田他，2003に基づき作成）

1949（昭和24）年	中華人民共和国建国
1950（昭和25）年	朝鮮戦争勃発（～1953（昭和28）年，停戦）
1951（昭和26）年	『学習指導要領 一般編（試案）』改訂版，刊行
	サンフランシスコ条約署名，日本再独立へ
1952（昭和27）年4月	サンフランシスコ条約発効，日本再独立
	日米安全保障条約発効
1955（昭和30）年12月	高等学校『学習指導要領 一般編』，改訂
1956（昭和31）年12月	教育課程審議会に「小学校・中学校教育課程の改善について」諮問
	日本，国際連合に加盟
	高等学校『学習指導要領 一般編』，再訂
1957（昭和32）年10月	ソ連（ソビエト社会主義共和国連邦），人工衛星打ち上げに成功
1958（昭和33）年3月	教育課程審議会，答申
8月	学校教育法施行規則，一部改正
同	小中学校『学習指導要領 道徳編』告示
9月	アメリカ合衆国，国防教育法公布
10月	小中学校『学習指導要領』告示
1960（昭和35）年	高等学校『学習指導要領』告示
1961（昭和36）年	1958年版，小学校で全面実施
1962（昭和37）年	1958年版，中学校で全面実施

表6-1の略年表中，1958（昭和33）年の学習指導要領改訂にあたり，教育課程審議会への諮問→（審議）→答申→文部大臣による告示，という流れを読み取れる。いずれも，(試案) 期にはみられなかった特徴である。

加えて，学校教育法施行規則において，小学校の教育課程は「各教科，道徳，特別教育活動及び学校行事等」で編成されること，及び中学校の教育課程は，必修教科（国語，社会，数学，理科，音楽，美術，保健体育及び技術・家庭），選択教科（外国語，農業，工業，商業，水産，家庭，数学，音楽及び美術），道徳及び特別教育活動，と規定された。合わせて，同施行規則において，小中学校における各教科及び道徳（中学校は特別教育活動も含む）の年間最低授業時数を明示した。これらの事項は，(試案) 期には学習指導要領そのもので定められていたが，この改訂から学習指導要領ではなく**学校教育法施行規則**で定められることとなった。

また，(試案) 期の学習指導要領は，一般編と各科編とに分かれていた。1958年版で，これらは一体化された。合わせて，(試案) 期の一般編には，小中学校の記述が同じ冊子の中に収められていたが，1958年版より小中学

校の学習指導要領は別々となった。

このように再独立後，改訂の中身に先立ち，学習指導要領という文書の位置づけが，より法規に近くかつ小中学校の区別を明確にする方向で，変更・整備された。(試案) の文字消失に象徴される法的性格の強まりが，1958年版の最大の特徴である。

(1)「道徳」の設置

1958年版の改訂は，小中「改訂の経過」によれば，「独立国家の国民としての正しい自覚をもち，個性豊かな文化の創造と民主的な国家及び社会の建設に努め，国際社会において真に信頼され，尊敬されるような日本人の育成を目指して行った」とされる。具体的には次の諸点が特色とされた。

　　ア　道徳の時間を特設して，道徳教育を徹底して行うようにしたこと。
　　イ　基礎学力の充実を図るために，国語，算数（数学）の内容を再検討してその充実を図るとともに授業時数を増やしたこと。
　　ウ　科学技術教育の向上を図るために，算数（数学），理科の充実を図ったこと。
　　エ　地理，歴史教育を充実改善したこと。
　　オ　情操の陶冶(とうや)，身体の健康，安全の指導を充実したこと。
　　カ　小・中学校の教育の内容の一貫性を図ったこと。
　　キ　各教科の目標及び指導内容を精選し，基本的な事項の学習に重点を置いたこと。
　　ク　教育課程の最低基準を示し，義務教育の水準の維持を図ったこと。

筆頭に掲げられた「道徳」は，「特設道徳」とよばれる場合もある。5-4節で指摘したとおり，(試案) 期には「道徳」という特別な時間枠がなかった。その代わり，「教科以外の活動」（小学校），「特別教育活動」（中学校，高等学校），及び戦後の新教科「社会科」を中心に，学校教育全般にわたって道徳教育が行われるよう，期待されていた。

ところが，再独立と前後して，6-3制に代表される**戦後の新教育への批判**が高まった。詳細は他書に譲るが，その流れは，新教科「社会科」への批

判,及び道徳教育の強化として具体化した(水原, 1992, pp. 300-306, pp. 346-350)。前記の「ア」と「エ」は一見別の事項にみえるが,道徳教育の強化に伴う社会科の大改訂とみれば,実は関係が深いともいえる。

週1時間(年間35時間,小1は34時間)配当の「道徳」は,1958(昭和33)年10月の学習指導要領告示に先立ち,8月28日に小中『学習指導要領　道徳編』として告示された。この日付は,6-2節で述べた,学校教育法施行規則の改正日と同じである。同年3月に教育課程審議会の答申が出され,それから数日で文部省(当時)が道徳教育の実施要綱を通達し,8月には学習指導要領の他の部分に先行して告示された。まさに,「道徳時間の特設は電光石火の如く実施された」(水原, 1992, p. 347)のだった。

(2)「系統主義」への転換

1958年版のもう一つの特徴として,**経験主義**から「**系統主義**」への転換があげられる。これらの用語は,第5章の5-4節及び補足2でそれぞれふれた。系統主義の傾向は,前に示した改訂の特色(アからク)のうち,イとウに顕著である。すなわち,基礎学力の充実,授業時数増,科学技術教育の向上が,それぞれ意図された。さらに,小・中学校の教育内容の一貫性,基本的事項の学習の重点化,義務教育の水準の維持といった趣旨の文言を,カ・キ・クから読み取れる。これらの文言から,学習者の生活経験よりも学問・教科の論理性や系統性を重視する傾向を読み取れる。

実際,1958年版には,それ以前の(試案)期の学習指導要領の方向性だった経験主義を改め,系統主義へと大きく方向転換するというねらいがあった。小中の「改訂の経過」は,1951年版の問題を次のとおり明示した。すなわち,「全教科を通じて,戦後の新教育の潮流となっていた経験主義や単元学習に偏り過ぎる傾向があり,各教科のもつ系統性を重視すべきではないか」と。この経験主義の見直し及び系統主義重視の方針は,占領下の諸法令・諸制度の再検討を目的とした,「**政令改正諮問委員会**」(1951(昭和26)年設置,当時の吉田茂首相の諮問機関)の答申(同年11月)に,すでにみられる(水原, 1992, pp. 294-296; 山田他, 2003, p. 123)。

6-3 1968年版と「教育内容の現代化」

　1958年版以降，1960（昭和35）年閣議決定の**「国民所得倍増計画」**，1962（昭和37）年の**キューバ危機**（アメリカ合衆国-ソビエト社会主義共和国連邦間での核戦争の懸念），翌年アメリカ合衆国大統領**ケネディ暗殺**，1964（昭和39）年に**東京オリンピック**（アジア初のオリンピック），その翌年**ベトナム戦争**勃発と，国内外でさまざまな出来事が起こった。1967（昭和42）年には，東京教育大学（当時）の筑波学園都市への移転計画が決定した。

　国際的には，自由主義・資本主義と社会主義・共産主義との間で，**冷戦**状況が続いた。国内では，教職員組合を中心に，勤務評定及び全国学力テストへの反対運動が起こった。この時期，「教科書裁判」も始まっている。

　「改訂の経緯」は，「昭和33年の改訂後，我が国の国民生活の向上，文化の発展，社会情勢の進展はめざましいものがあり，また，我が国の国際的地位の向上とともにその果たすべき役割もますます大きくなりつつあった」とする。その背景には，先ほど述べた冷戦下の世界情勢，東京オリンピック開催とそれに伴う東海道新幹線開通，**高度経済成長**，そして電化製品や耐久消費財の普及（自動車，クーラー，カラーテレビ等），等の諸状況がある。

　教育課程審議会への諮問・審議・答申を経て，小学校で1968（昭和43）年（中学校1969（昭和44）年，高等学校1970（昭和45）年）に，学習指導要領が改訂された。「**調和と統一**」をうたったこの学習指導要領は，後に，高度経済成長政策のもとで「**教育内容の現代化**」の影響を受けた，とされる（第4章も参照のこと）。「改訂の経過」において「調和と統一」は，次のとおり述べられた。

　「人間形成の上から調和と統一のある教育課程の実現を図ったこと。すなわち，基本的な知識や技能を習得させるとともに，健康や体力の増進を図り，正しい判断力や創造性，豊かな情操や強い意志の素地を養い，さらには，国家及び社会について正しい理解と愛情を育てるものとしたこと」

　知育偏重ではなく，知・徳・体，あるいは知・情・意のバランスをとる趣

旨を読み取れる。

また,「教育内容の現代化」の例として,小学校の算数をみると,「集合,関数,確率」の新規導入,かけ算の九九を3年生から2年生に移動,不等号の使用を中学校から小学校2年生に移動,といった諸事項があげられる（水原,1992, p.455）。そのほか,前回改訂で導入された道徳の定着,東京オリンピックを契機とした体育の重視（例：開会式の10月10日を1966年より国民の祝日「**体育の日**」とした）,中学校・高等学校での「**クラブ活動**」の必修化などが,それぞれ特徴といえる（阪尾,1995, p.96）。

高等学校進学率の急上昇

1968年版が告示された当時の背景として,高等学校への進学率の急上昇も見逃せない。1950（昭和25）年に約43％だった高等学校への進学率は,1960（昭和35）年に約58％に達した（文部科学省ホームページ,「我が国の文教施策」（昭和63年度版）による）。都道府県間のばらつきこそあれ,高等学校への進学率は上昇し続け,1965（昭和40）年70％,1970（昭和45）年80％,そして1975（昭和50）年には90％を超えるに至った（同ホームページによる）。

高等学校への進学者の急増は,当然その教育に影響を与えた。「能力主義教育課程を進める上で,最も重要な改革は後期中等教育のそれであるが,さらにそれを詰めるなら理科教育・産業教育がポイントである。日本の高度経済成長を進める上で,科学技術教育の振興が最大の鍵だからである」（水原,1992, p.468）とされるとおり,この時期は科学技術振興を中心として,**後期中等教育**（高等学校）の諸改革が進められた（なお,**前期中等教育**は中学校をさす）。関連する事項として,5年制の**高等専門学校**（高専）の新設（1962（昭和37）年）,理科・数学教育に重点化した「**理数科**」設置（1968（昭和43）年）,及び教科科目の細分化があげられよう。

これらの動向を支えた考えは,一般に「**能力主義**」とよばれる。この場合の「能力」は,当時の経済政策で用いられた語である。当時,経済発展のための教育,産業社会のための**人材開発**といった考えが,経済界から強く打ち出された。これをうけ,中央教育審議会答申「後期中等教育の拡充整備について」（1966（昭和41）年）では,「後期中等教育のあり方について」とし

て，「教育の内容および形態は，各個人の適性・能力・進路・環境に適合するとともに，社会的要請を考慮して多様なものとする」とされた。高等学校を舞台として，能力主義・多様化・社会的――つまりは経済的，産業的――要請，それぞれの重視が，明確に打ち出されたのだった。

6-4 「現代化」の反省と1977年版の「ゆとり」

1968年版を「現代化」「能力主義」といったキーワードでまとめるなら，その後の1977（昭和52）年版は「ゆとり」「人間性」となる。

「改訂の経緯」は，1968年版以降の状況について，高等学校進学率の上昇への対応，及び学校教育が知識伝達に偏するという指摘を，それぞれ課題としてあげた。教育課程審議会の答申（1976（昭和51）年）は，「自ら考え正しく判断できる児童生徒の育成」を重視しつつ，次のねらいの達成を目指す必要があるとした。すなわち，「①<u>人間性</u>豊かな児童生徒を育てること。②<u>ゆとりのあるしかも充実した学校生活</u>が送れるようにすること。③<u>国民として必要とされる基礎的・基本的な内容</u>を重視するとともに児童生徒の<u>個性や能力に応じた教育</u>が行われるようにすること」の3点である（下線は引用者）。人間性，ゆとり，**基礎・基本**，個性や能力といった語が注目される。

1968年版以降，「現代化」の問題点が徐々に顕在化してきた。それらは，①大学の科学者を中心に展開されたため科学的成果はあったが，教育の歴史的背景と教育現場への認識が浅く，学校に受け入れられなかった，②自然科学中心で人文社会領域が欠落し，教育とカリキュラムに関する根源的な問いを欠いた，及び③教師を無視し軽蔑した改革案であったため，実践の場では「受け売り」や探求精神に乏しい教育になった，とされる（水原，1992，p. 505-506を要約）。また，この時期よく用いられた「**教育荒廃**」「**受験戦争**」「**新幹線授業**」「**落ちこぼれ，落ちこぼし**」といった語は，1968年版以降の教育状況を，端的に表現した例といえよう。

このような状況のもと，諮問・審議・答申を経て改訂された1977年版の特徴は，「改訂の経緯」によるとほぼ次の4点である：①道徳教育や体育の重視，②基礎的・基本的事項を中心とした教育内容の精選（再配分と精選，集約化，領域区分の整理統合，目標の絞り込み），③「ゆとりのある充実し

た学校生活」（標準授業時数の削減，授業時数の運用の弾力化），④目標・内容の「大綱化」による，学校・教師が創意工夫する余地の拡大。実際，1968年版に比べると学習指導要領のページ数が半減し，内容も簡明になったとされる（山田他，2003，p.130）。

1977年版の「ゆとりの時間」「国歌」の扱い

　このときの改訂では，総授業時数が削減された一方で，学習指導要領に記載されず授業時数としても数えないという「**学校裁量の時間**」（ゆとりの時間）が，新たに設けられた。この時間は各学校での創意工夫の時間に充てることが要請され，体力増進活動，自然・文化の体験的活動，教育相談活動，集団的訓練活動あるいは休憩時間やクラブ活動などが例として期待されたという（水原，2009，p.73）。一方，「学習指導要領にもなく授業時数にも数えられない『ゆとりの時間』の設置（週当たり1〜2時間）が行政主導で強力に進められた」（梅原，2001，p.211）という見方もある。

　もう一点，**国歌**の扱いも注目される。1968年版までの学習指導要領に，「国歌」という文言はなかった。1968年版の「『君が代』を斉唱させることが望ましい」という表現は，1977年版で「国歌を斉唱させることが望ましい」と改められた。「（略）一歩踏み込んで『国歌』という注目すべきタームを採用した。それは，第二次大戦後の公文書では初めての採用である。中・高等学校も含めて，大きな論争あるいは闘争が展開されることになる」（水原，1992，p.579）とあるように，「国歌」という1977年版の文言は，教育と政治とにかかわる問題を新たに引き起こした。当時，日本国憲法下では，国歌に関する定めが成文法として存在しなかったことに起因する。

　「**国旗**」は国歌とは事情がやや異なり，1977年版以前の学習指導要領にもみられる文言である。1999（平成11）年に「**国旗及び国歌に関する法律**」が制定されるまで，1870（明治3）年の「商船規則」（太政官布告）が「国旗」の法的根拠とされてきた。ただし，商船規則は日本国憲法下で制定された法令ではなかったため，「国旗及び国歌に関する法律」の制定に至るまで，国旗を「日の丸」（日章旗）とする法的正当性に関して，議論が続いた。

補足1：(試案)の消失

　1958年版に先立ち，1956（昭和31）年の高等学校学習指導要領一般編の改訂時に，(試案) の文字が削られた。この件の詳細は，水原（1992, pp. 312–316），及び矢澤（1995, pp. 60–63）を参照のこと。

補足2：「ゆとり」今昔

　「ゆとり」という文字を目にすると，1998（平成10）年版学習指導要領について俗にいわれる「**ゆとり教育**」を想起するが，実は「ゆとり」という言葉自体，教育の分野で目新しくはない。雑誌論文データベースCiNii（サイニィ，ci.nii.ac.jp/）によれば，「ゆとり教育」という語は，1970年代の論文や記事のタイトルとしては，ほとんど用例がない。当時は「ゆとりある教育」「ゆとりのある教育」という用例が多く，「ゆとり」の語は明らかに肯定的な意味で積極的に使われていた。それだけ1968年版以降の学校は時間や内容を含め窮屈で，余裕がなかったことがうかがえる。

　近年，講義で1977年版にふれると，一部の受講者が「ゆとり教育が40年前にあったことに驚いた」といった内容の感想を書く。が，1998年版と1977年版の「ゆとり」を素朴に同一視するのは，適切とはいえないだろう。

[根津朋実]

【引用・参考文献】

水原克敏　『現代日本の教育課程改革』　風間書房　1992

水原克敏　「現代日本の教育課程の歩み」　田中耕治・水原克敏・三石初雄・西岡加名恵
　　著　『新しい時代の教育課程（改訂版）』　有斐閣　2009

文部科学省　「学習指導要領等の改訂の経過」『小学校学習指導要領解説 総則編』及び
　　『中学校学習指導要領解説 総則編』所収　2017

阪尾隆司　「高度経済成長期を背景とした教育課程の改訂」　山口満 編著　『教育課程の変
　　遷からみた戦後高校教育史』　学事出版　1995

梅原利夫　「四六・中教審答申と1977年改訂」　日本カリキュラム学会 編　『現代カリ
　　キュラム事典』　ぎょうせい　2001

山田恵吾・藤田祐介・貝塚茂樹　『学校教育とカリキュラム』　文化書房博文社　2003

矢澤雅　「戦後教育政策転換期における教育課程の改訂」　山口満 編著　『教育課程の変遷
　　からみた戦後高校教育史』　学事出版　1995

第7章

学習指導要領の歴史的展開（3）
――1989年版，1998年版，それ以降――

7-1 臨時教育審議会以降，20世紀末の学習指導要領

この章では，1980年代半ばに設置された**臨時教育審議会**（臨教審），及びそれに続く1989年版及び1998年版の学習指導要領について説明する（前章同様，いずれも年は小学校の学習指導要領改訂年であり，中・高は異なる場合がある）。まず臨教審についてふれ，その後は第5・6章と同様，「改訂の経過」に沿って説明を加える。

7-2 臨教審と文部省

今日，教育関係の中心的な**審議会**として，文部科学大臣が委員を任命する「**中央教育審議会**」（中教審）がある。審議会の役割，及び**諮問**と**答申**といった関連語は，5-3節の(2)で簡単にふれた。かつては**教育課程審議会**（教課審）が存在し，学習指導要領の改訂にあたっていた。2001（平成13）年，中央省庁の再編により，当時の**文部省**と**科学技術庁**とが統合され，**文部科学省**となった。関連して，審議会の改廃により教課審は廃止され，中教審の一部として再編された。よって，2024年9月現在，教課審は存在しない。

中教審や教課審（当時）とは別個に，1984（昭和59）年から1987（昭和62）年まで，中曽根康弘首相（当時）の提唱により，行政改革の一環として臨時教育審議会（臨教審）が設置された。中教審や教課審は文部省（当時）のもとにおかれたが，臨教審は総理府（現内閣府）におかれた（臨時教育審議会設置法第1条）。つまり，臨教審は文部大臣（当時）ではなく，内閣総理大臣との関係がより深かった。このことは，次の条文からも明らかである。すなわち，「審議会は，内閣総理大臣の諮問に応じ，教育及びこれに関連する分野に係る諸施策に関し，広く，かつ，総合的に検討を加え（以下略）」（同法第2条），「内閣総理大臣は，前条第一項の諮問に対する答申又は同条第二項の意見（中略）を受けたときは，これを尊重しなければならない」（同法第3条），「委員は，人格識見共に優れた者のうちから，文部大臣の意見を聴いて，内閣総理大臣が任命する」（同法第5条），と。文部省（当時）という教育に特化した省がもともとあり，その省のもとに審議会があるにもかかわらず，内閣総理大臣（首相）直属の教育に関する審議会を，あえて立法措置により設置したわけである。

　臨教審が設置された背景には，当時の「教育荒廃」があった。文部科学省作成の年表によれば，1978（昭和53）年から1984（昭和59）年にかけて，ぐ犯（引用者注：虞犯，将来罪を犯す可能性がある意）少年増加，**校内暴力頻発**，**登校拒否**（引用者注：現在では「不登校」）増加，家庭内暴力増加，生徒間暴力増大，横浜浮浪者殺傷事件（引用者注：中学生中心の少年グループがホームレスを襲撃した事件），少年非行の第三のピーク等々の事柄が，学校教育及び社会の状況として毎年のように列挙された（文部科学省「生徒指導関係略年表について」，www.mext.go.jp/a_menu/shotou/seitoshidou/04121504.htm）。特に「登校拒否」は，1975（昭和50）年1万人超，1982（昭和57）年2万人超，1984（昭和59）年3万人超と，10年あまりで約3倍の増となった（同URLによる）。

臨教審答申と学習指導要領改訂

　臨教審は，第一次から第四次（最終）答申を提出し，その役割を終えた。臨時教育審議会設置法の「附則」に，同法は施行から3年で効力を失う旨，もともと定められていたからである。とはいえ，臨教審答申にみられる方向

性は，その後の学習指導要領の改訂に，大きな影響を与えた。

それぞれの答申に特徴があるが，ここでは第二次答申（1986（昭和61）年）を紹介する。この答申は，当面の教育内容の改善策として，次の3点を指摘した。すなわち，「(1) 小学校低学年においては，教科の総合化を進める。(2) 中等教育段階における『社会』科の教科構成の在り方，家庭科の内容と取扱いについて検討する。(3) 健康教育を充実するため，道徳・特別活動および保健体育など関連する教科の内容，在り方を検討する」（水原，1992, p. 611），と。詳細は後述するが，(1)は「生活科」の新設，(2)は高校の社会科再編に伴う「地理歴史科」「公民科」設置等として具体化した。(3)は，今日でいう少子高齢化への見通しや，第二次答申の前年にエイズ（AIDS, 後天性免疫不全症候群）患者の国内初確認，といった諸状況が影響したと思われる。

また，第三次答申（1987（昭和62）年）は，**生涯学習体系への移行**，**規制緩和**の推進や教育における**自由・自律・自己責任の原則の確立**，多様な**選択の機会の拡大**等をうたった。

7-3　1989年版
――小学校「生活科」新設，高校「社会科」解体

臨教審がおかれていた間，並行して教課審が開かれ，学習指導要領改訂への作業を進めていた。「改訂の経過」には明記されていないが，1987（昭和62）年12月の教課審答申には，先に出されていた臨教審答申をふまえるよう配慮した旨の記載がある。この教課審答申の要点は，次のような4点である。

① 豊かな心をもち，たくましく生きる人間の育成を図ること。
② 自ら学ぶ意欲と社会の変化に主体的に対応できる能力の育成を重視すること。
③ 国民として必要とされる基礎的・基本的な内容を重視し，個性を生かす教育の充実を図ること。
④ 国際理解を深め，我が国の文化と伝統を尊重する態度の育成を重視すること。

この答申を受けて 1989（平成元）年 3 月に改訂された学習指導要領は，多くの特徴をもち，そのいくつかは 21 世紀の今日にも引き継がれている。すなわち，小学校低学年に**生活科**を新設（小学校低学年の理科・社会科を廃止。読・書・算，いわゆる 3R's の重視による），中学校の選択教科の拡充（音楽，美術，保健体育，技術・家庭から全教科へと選択の幅を拡大，選択開始学年の引き下げ），そして高等学校では，道徳教育の重視に伴う社会科解体（地理歴史科，公民科に再編），家庭科の男女必修化，及び専門教育（従来の職業教育）の一部に「**課題研究**」を設置，等々である。

　なお，臨教審の議論を受け，教課審ではこのころ「学校週 5 日制」が議論され始めていた。学校週 5 日制は，結果的には教課審の最終答申に盛り込まれず，1989 年版では具体化されなかった。その後，1998（平成 10）年版の学習指導要領の改訂時，公立学校を中心に，はじめ月一度，次いで隔週へと土曜日休業を段階的に実施し，2002（平成 14）年より完全学校週 5 日制へと移行した（www.mext.go.jp/b_menu/shingi/chukyo/chukyo3/004/siryo/05100601/s001/005_2.pdf）。

7-4　1996 年中教審答申
　　　──生きる力，学校週 5 日制，総合的な学習の時間

　1989 年版学習指導要領が完全実施された後，1996（平成 8）年の中教審第一次答申「21 世紀を展望した我が国の教育の在り方について」において，［ゆとり］の中で［**生きる力**］を育むことの重視が提言された。同答申によれば，［生きる力］の要素は次のとおりである。

- いかに社会が変化しようと，自分で課題を見つけ，自ら学び，自ら考え，主体的に判断し，行動し，よりよく問題を解決する資質や能力
- 自らを律しつつ，他人とともに協調し，他人を思いやる心や感動する心など，豊かな人間性
- たくましく生きるための健康や体力

　合わせて，1989 年版で見送られた完全学校週 5 日制は，［ゆとり］の中で

[生きる力] を育むというこの答申において，あらためて提言された。公立学校で土曜日を休業日にする際，土曜日分の授業時数を削減するとともに，教育内容も厳選する必要があった。さらに見逃せないのは，この答申において「横断的・総合的な学習の推進」が論じられ，その中で「**総合的な学習の時間**」の設置が提言されたことである。

中教審第一次答申で示された方向性のもと，教育課程審議会に諮問が行われ，1998（平成10）年に答申がまとめられた。この教課審答申の要点は，次のとおりである。

① 豊かな人間性や社会性，国際社会に生きる日本人としての自覚の育成を重視すること。
② 多くの知識を一方的に教え込む教育を転換し，子どもたちの自ら学び自ら考える力の育成を重視すること。
③ ゆとりのある教育活動を展開する中で，基礎・基本の確実な定着を図り，個性を生かす教育の充実を図ること。
④ 各学校が創意工夫を生かし特色ある教育，特色ある学校づくりを進めること。

これらの要点は，7-3節で示した1987（昭和62）年の教課審答申の要点と，部分的に通じている。

7-5　1998年版
　　　──「総合的な学習の時間」，高校の新教科導入

1998（平成10）年の教課審答申を受け，同年12月に学校教育法施行規則の一部が改正され，小中学校の学習指導要領が全面改訂された。その後の移行措置を経て，1998年版学習指導要領が完全実施されたのは，2002（平成14）年からだった（なお，一部の内容は先行実施された）。

この改訂の大きな特徴は，(1) 小学校第3学年以上に「総合的な学習の時間」を新たに設置し，必修化したこと，(2) **完全学校週5日制**の実施に合わせて，土曜日分の授業時数を縮減し，年間70（小学校第1学年は68）

単位時間，すなわち週当たり2単位時間を削減したこと（年間35週×2単位時間＝年間70単位時間），である。ただし(1)については，第1章総則の中で簡単にふれられた程度であり，当時は「総合的な学習の時間」は章として独立していなかった。

その他の特徴として，(3) **体験活動・問題解決的な学習の充実**をはかったこと，(4) 授業の1単位時間や授業時数の運用を**弾力化**したこと，(5) 小中学校で一部教科の目標や内容を2学年まとめる等の**大綱化**(たいこうか)を行ったことが，それぞれあげられる。(3)は，7-4節で示した1998年教課審答申の②に対応する。(4)は，「各学校において，各教科等の年間授業時数を確保しつつ，生徒の発達段階及び各教科等や学習活動の特質を考慮して適切に定めるものとする」（中学校学習指導要領　第1章総則　第5　授業時数等の取扱い）とした。各教科等の1単位時間をこれまでの「小学校45分，中学校50分」に限定せず，各学校の創意工夫により柔軟に変更できるようにしたことを指す。(5)の具体例として，複数学年にわたる検定教科書（例：生活科，社会科，音楽科等）があげられる。

続く1999（平成11）年には，高等学校学習指導要領が改訂された。ここでも「総合的な学習の時間」の新設及び必修化が大きな特徴だった。とはいえ例外があり，「職業教育を主とする学科」では，「課題研究等の履修をもって総合的な学習の時間における学習活動の一部又は全部に替えることができる」とされた（高等学校学習指導要領　第1章総則　第4款の6）。また，「総合的な学習の時間」については，小中学校と同様，第1章総則の中で簡単に記載されるにとどまっていた。

このほかに高等学校では，普通教科「**情報**」・専門教科「**情報**」「**福祉**」の新設や，学校設定教科・学校設定科目の扱い（名称の変更）が，それぞれ改訂の要点としてあげられる。

7-6　1998年版以降
──「総合的な学習の時間」批判，「学びのすすめ」

1998年版による「総合的な学習の時間」の設置に対し，賛否両論があった。見方によっては，1989年版に比べ主要教科の時数が削減され，教育内

容も学校段階を変更したり削減されたりしたあげく，検定教科書も学力試験もない「学校任せ」の時間が週に約3コマ分も突然出現したのである。関連して，各種国際学力調査の結果に基づき，主に日本の順位の推移に着目して「学力低下」が盛んに論じられた。こうした動向の中で，2002（平成14）年1月，同年4月からの1998年版全面実施を前に，文部科学省より「確かな学力の向上のための2002アピール『学びのすすめ』」が出された。

また，国立教育政策研究所の教育課程研究センターにより，2002（平成14）年に小中の『総合的な学習の時間　実践事例集』が刊行されたり，文部科学省のモデル事業として，2003（平成15）年から2年間，7都県の52校において「総合的な学習の時間」に関する実践研究が行われたりした。この過程で，総則中の例示にとどまるはずの「国際理解，情報，環境，福祉・健康」が，「総合的な学習の時間」の内容として定型化し，広く実施されるに至った。

2003（平成15）年12月，文部科学事務次官通知による1998年版の「一部改正」では，「総合的な学習の時間の一層の充実」として，以下の4点をあげた。

　　ア　総合的な学習の時間のねらいとして，各教科，道徳及び特別活動で身に付けた知識や技能等を相互に関連付け，学習や生活において生かし，それらが総合的に働くようにすることを加えて，規定したこと。
　　イ　各学校において総合的な学習の時間の目標及び内容を定める必要があることを規定したこと。
　　ウ　各学校において総合的な学習の時間の全体計画を作成する必要があることを規定したこと。
　　エ　総合的な学習の時間の目標及び内容に基づき，児童生徒の学習状況に応じて教師が適切な指導を行う必要があることを規定したこと。また，学校図書館の活用，他の学校との連携，各種社会教育施設や社会教育関係団体等との連携，地域の教材や学習環境の積極的な活用などについて工夫する必要があることを明確にしたこと。

一部改正の文言を裏返して当時の背景を推察すると，〈これまで総合的な

学習の時間は，各教科や教科外活動と結びつかず，目標や内容も定められず，全体計画もなく，教師があまり指導しないやりっ放しのイベントに終始していた〉，となろうか。これは極端な表現であるが，一部の学校において総合的な学習の時間の運営に課題があったという実態は，否定できないだろう。

補足1：教育改革国民会議，教育再生会議等と臨教審
　内閣総理大臣の主導により教育関係の審議会等をつくる動きは，臨教審以降もあった。それらをまとめて表に示す。

表　内閣主導の教育関連審議会等

	臨時教育審議会	教育改革国民会議	教育再生会議	教育再生懇談会	教育再生実行会議
設置期間	1984～1987年（昭和59～62）	2000～2001年（平成12～13）	2006～2008年（平成18～20）	2008～2009年（平成20～21）	2013年～（平成25～）
該当内閣	中曽根	小渕→森	安倍→福田	福田→麻生→鳩山	安倍（第二次）
設置根拠	臨時教育審議会設置法	内閣総理大臣による決裁	閣議決定	閣議決定	閣議決定
備　考			教育再生懇談会へ組織替え	2009（平成21）年11月17日廃止	2015（平成27）年7月末に8つの提言

注：敬称略，肩書き等はいずれも当時。

　教育改革国民会議は「教育改革国民会議報告——教育を変える17の提案」と題し，家庭教育・道徳教育，奉仕活動，キャリア教育，教員評価，コミュニティ・スクール設置等，多岐にわたる意見を提出した（www.kantei.go.jp/jp/kyouiku/houkoku/1222report.html）。また，教育再生会議は，『社会総がかりで教育再生を（最終報告）』をまとめ，「徳育」の教科化，いわゆる「ゆとり教育」見直し（授業時数増加，教科書の内容充実等）等を提起した（www.kantei.go.jp/jp/singi/kyouiku/houkoku/honbun0131.pdf）。教育再生実行会議は，第二次安倍内閣の閣議決定により設置された（http://www.kantei.go.jp/jp/singi/kyouikusaisei/）。いずれの出典も文部科学省（www.mext.go.jp）ではなく，首相官邸（www.kantei.go.jp）であることに注意してほしい。
　なお，2017（平成29）年の小学校及び中学校『学習指導要領解説　総則編』中，「学習指導要領等の改訂の経過」には，臨教審，教育改革国民会議，

教育再生会議・教育再生懇談会の文言は，みられない。

補足2：いわゆる「未履修」問題

　2006（平成18）年，高等学校の地理歴史科（主に世界史）および情報科を中心に，一部教科科目の「**未履修**」問題が顕在化した。1998年版（高等学校は1999年3月告示）学習指導要領は，地理歴史科について次のとおり定める。

> すべての生徒に履修させる各教科・科目（以下「必履修教科・科目」という。）は次のとおりとし，その単位数は，第2款の2に標準単位数として示された単位数を下らないものとする。
> （中略）
> （2）地理歴史のうち「世界史A」及び「世界史B」のうちから1科目並びに「日本史A」，「日本史B」，「地理A」及び「地理B」のうちから1科目
>
> 　　　　　（第3款　各教科・科目の履修等　1　必履修教科・科目）

　このように地理歴史科では，世界史が必修科目であり，加えて日本史か地理のどちらかの科目を選択させる必要があった。学習指導要領の定めを満たさない場合，高等学校の教育課程を修了したとみなされず，高等学校卒業とは認定されないおそれがある。そこで，文部科学省の通知を受け，未履修教科・科目について急ぎ授業が開講され，卒業が認定されることとなった。

　　　　　　　　　　　　　　　　　　　　　　　　　　　［根津朋実］

【引用・参考文献】
水原克敏　『現代日本の教育課程改革』　風間書房　1992
文部科学省　「学習指導要領等の改訂の経過」『小学校学習指導要領解説　総則編』及び
　　『中学校学習指導要領解説　総則編』所収　2017

第8章

21世紀の学習指導要領

8-1 本章のねらい

　本章では，21世紀に入ってからの学習指導要領である2008年版，2017年版を扱う（いずれも小学校と中学校の改訂年であり，高等学校の改訂年とは異なる）。その改訂内容について，文部科学省（2017a）『小学校学習指導要領解説　総則編』および同（2017b）『中学校学習指導要領解説　総則編』の「総説」「学習指導要領等の改訂の経過」をもとに進めていくこととする。

8-2 2008年版学習指導要領改訂

（1）改訂の背景

　2005（平成17）年2月，文部科学大臣（以下，文科大臣）は中央教育審議会（以下，中教審）に対して，教育課程基準の全体の見直しに関する検討を要請した。この背景には，知識基盤社会（新しい知識，情報，技術が活動の基盤となる社会）の到来やグローバル化の進展する21世紀という新しい時代への対応があった。このような時代における社会では，これまで以上にアイディアをはじめとするさまざまな知識が求められたり，異なる背景をも

つ他者との協力が必要となったりするとされた。そこで1998年版で提唱された「生きる力」をこれまで以上に重視することをねらいとしたのである。

中教審が審議をしていた2006（平成18）年12月に教育基本法が，2007（平成19）年6月には学校教育法が改正された。なお，この改正で，学校教育法第30条第2項において，「学力の三要素」が示された。すなわち「基礎的・基本的な知識・技能の習得」「知識・技能を活用して課題を解決するために必要な思考力・判断力・表現等」，そして「学習意欲」の三つである。これら法改正の内容を踏まえながら，中教審は2008年1月に「幼稚園，小学校，中学校，高等学校及び特別支援学校の学習指導要領等の改善について」を文科大臣に答申した。

（2）学習指導要領の「基本的な考え方」と「教育内容に関する主な改善事項」

答申は，改正教育基本法等を踏まえた形で，学習指導要領の「基本的な考え方」として次の6点を示した。
① 「生きる力」という理念の共有
② 基礎的・基本的な知識・技能の習得
③ 思考力・判断力・表現力等の育成
④ 確かな学力を確立するために必要な授業時数の確保
⑤ 学習意欲の向上や学習習慣の確立
⑥ 豊かな心や健やかな体の育成のための指導の充実

答申は，生きる力を育成するためには，上の②を基盤とした③，⑤および⑥が重要であると述べた。②，③，そして⑤は先述の学校教育法第30条第2項の学力の三要素を受けたものである。②と③に関して，教科学習における「習得」と「活用」，総合的な学習の時間における「探究」の重視が示された。教科指導では，基礎的・基本的な知識・技能の習得を目指しながら，教科の知識・技能を活用する学習活動（観察・実験，レポートの作成，論述など）を充実させることとした。このような取組によって，総合的な学習の時間における教科横断的な学習や探究的な活動を充実させて，各教科の知識・技能の確実な定着を目指した。これは一方向的なものではなく，知識・技能の「活用」や「探究」を通して，「習得」が促進されるなど，双方向的

なものでもあるとされた。

このような「基本的な考え方」にもとづき,「教育内容に関する主な改善事項」として,次の七つが示された。
① 各教科等における言語活動の充実
② 科学技術教育の土台である理数教育の充実
③ 伝統や文化に関する教育の充実
④ 道徳教育の充実
⑤ 体験活動の充実
⑥ 小学校段階における外国語活動
⑦ 社会の変化への対応の観点から教科等を横断して改善すべき事項（情報教育，環境教育，ものづくり，キャリア教育，食育，安全教育及び心身の成長発達についての正しい理解）

上の七つのうち，とりわけ「各教科等における言語活動の充実」が注目に値する。というのも，言語といえば国語科と連想されがちであるが，これを国語科だけではなく，各教科で行うものとしたからである。言語を知的活動（論理や思考）の基盤に限定せず，コミュニケーションや感性・情緒の基盤でもあるとして，国語科で育成した言語に関する能力をもとにして，各教科における学習，とくに教科の知識・技能を「活用」する学習を充実させることを求めた。次ページの表8-1は各教科等における言語活動の例示を表にしたものである。このように言語活動は，2008年版において，「各教科等を貫く重要な改善の視点」（中教審2008, p.53）であり，このため教科担任制をとる中学校・高等学校に対しては，国語科の教員以外も，言語活動の必要性を理解することが重要であると言及した。

（3）2008年版の「教育内容の主な改善事項」

ここでは教育内容の主な改善事項について，学校種ごとに取り上げる。ここに記していないものについては，学習者自身で諸文献にあたって欲しい。

小学校では，第1に，第5・第6学年に週あたり1コマの「外国語活動」を新設した（詳細は第10章を参照のこと）。第2に，各学年の授業時数を，第1・第2学年は週あたり2コマ，第3学年以上では週あたり1コマ増やした。これにあわせて国語，社会，算数，理科および体育の授業時数を6年

表 8-1　各教科等における言語活動の例（国語を除く）

知的活動の基盤という言語の役割の観点	
理科，社会等	観察・実験や社会見学のレポートにおいて，視点を明確にして，観察したり見学したりした事象の差異点や共通点をとらえて記録・報告する
算数・数学，理科等	比較や分類，関連付けといった考えるための技法，帰納的な考え方や演繹的な考え方などを活用して説明する
理科等	仮説を立てて観察・実験を行い，その結果を評価し，まとめて表現する
コミュニケーションや感性・情緒の基盤という言語の役割	
音楽，図画工作，美術，体育等	体験から感じ取ったことを言葉や歌，絵，身体などを使って表現する
生活，特活等	体験活動を振り返り，そこから学んだことを記述する
音楽，体育等	合唱や合奏，球技やダンスなどの集団的活動や身体表現などを通じて他者と伝え合ったり，共感したりする
家庭，技術・家庭，特活，総合	体験したことや調べたことをまとめ，発表し合う
道徳，特活等	・討論・討議などにより意見の異なる人を説得したり，協同的に議論して集団としての意見をまとめたりする

注：中教審2008, pp.53-54をもとに筆者が表にまとめた。表中，特別活動は特活に，総合的な学習の時間を総合と略記した。

間で1割増加した。そして第3に，総合的な学習の時間の授業時数を削減した。

中学校に関しては，第1に各学年の授業時数について，すべての学年で週あたり1コマ増やした。これにあわせて国語・社会・数学・理科・外国語・保健体育の授業時数を1割程度増加した。第2に，必修教科の内容と時間を増やし，教育課程の共通性を高めるために，選択教科を標準授業時数の枠外で，学校の判断に応じて開設することとした。第3に，小学校と同様に総合的な学習の時間の授業時数が削減された。そして第4に，部活動の役割と教育課程との関連性が示された。

高等学校では，第1に，教育課程における共通性と多様性のバランスを重視するために，共通必履修科目の設定と科目履修の柔軟性を求めた。第2に，義務教育段階の学習内容の確実な定着を図るための学習機会を設定し

た。そして第3に，中学校と同様に部活動の役割と教育課程との関連性を示した。

8-3　学習指導要領の一部改正

　第3章で触れているように，学習指導要領は随時の見直しが可能となっている。2008年版の告示後，2010（平成22）年の常用漢字表の改定にともなう一部改正，2015（平成27）年の道徳の教科化にともなう一部改正が行われた。ここでは後者の経過を取り上げる。

　学習指導要領の解説によれば，道徳の教科化の議論のはじまりは次の2点にあるとされる（文部科学省，2017a）。すなわち，道徳教育の指導上の課題と生徒指導上の課題である。前者については，他教科などと比べて道徳教育が軽んじられていたり，登場人物の心情理解に重きが置かれた形式的な指導になりがちであったりすることが指摘された。後者については，いじめの問題が子どもの健全な発達などに重大な支障を及ぼしていることが挙げられた。

　こうした問題に対応するために，2013（平成25）年の「教育再生懇談会」（内閣に設置）の第一次答申，同年の「道徳教育の充実に関する懇談会」（文部科学省に設置）の報告を受けて，中教審は2014（平成26）年に，道徳を教科化することを答申した。答申では「特別の教科　道徳（仮称）」とされ，道徳教育の目標と内容を明確化・体系化すること，指導方法の工夫と評価のあり方，検定教科書の導入，教員の指導力向上方策，学校と家庭・地域との連携強化のあり方などが提言された。これは「答えが一つではない道徳的な課題を一人一人の児童が自分自身の問題と捉え向き合う『考える道徳』『議論する道徳』へと転換を図るものである」（文部科学省，2017a，p.9）という。

　小学校，中学校ともに2015（平成27）年4月1日より移行措置として「特別の教科　道徳」の一部実施もしくは全部の実施を可能とした。全面的な実施は小学校で2018（平成30）年4月1日から，中学校では2019（平成31）年4月1日から行われることとなった。

8-4　2017年版学習指導要領

（1）改訂の背景と「社会に開かれた教育課程」

　2014（平成26）年11月，文科大臣は中教審に次期学習指導要領改訂を諮問した。中教審は，約2年におよぶ審議を経て，2016（平成28）年12月に「幼稚園，小学校，中学校，高等学校及び特別支援学校の学習指導要領等の改善及び必要な方策等について」を答申した。

　改訂の背景として，生産年齢人口の減少，グローバル化の進展，絶え間ない技術革新などが社会構造や雇用環境を大きく変化させ，これまで以上に予測の困難な時代となっていることを指摘した。このような時代においては，「子供たちが様々な変化に積極的に向き合い，他者と協働して課題を解決していくことや，様々な情報を見極め知識の概念的な理解を実現し情報を再構成するなどして新たな価値につなげていくこと。複雑な状況変化の中で目的を再構築することができるようにすること」（文部科学省，2017a, p.1）が学校教育に求められると指摘した。つまりこれまでの日本の教育で育成されてきた「生きる力」を，これからの社会の姿（知識基盤社会，かつ加速度的に変化する社会）との関係で捉え直すことを示したのである。しかしながら，これは学校だけの工夫だけでは実現できないとして，「社会に開かれた教育課程」を提言した。これは答申において次のように示された（中教審，2016, pp. 19–20）。

① 社会や世界の状況を幅広く視野に入れ，よりよい学校教育を通じてよりよい社会を創るという目標を持ち，教育課程を介してその目標を社会と共有すること。

② これからの社会を創り出していく子供たちが，社会や世界に向き合い関わり合い，自らの人生を切り拓いていくために求められる資質・能力とは何かを，教育課程において明確化し育んでいくこと。

③ 教育課程の実施に当たって，地域の人的・物的資源を活用したり，放課後や土曜日等を活用した社会教育との連携を図ったりし，学校教育を学校内に閉じずに，その目指すところを社会と共有・連携しながら実現させること。

　社会に開かれた教育課程とは，「"よりよい学校教育を通じてよりよい社会

を創る"という目標を学校と社会が共有し，連携・協働しながら，新しい時代に求められる資質・能力を育む」（文科省，2017a, p.2）ことと言える。これの実現を目指し，学校と家庭と地域が共有して子どもたちの教育にあたれるように，「学習指導要領等の改善の方向性」として，「学習指導要領等の枠組みの見直し」「カリキュラム・マネジメントの実現」，そして「主体的・対話的で深い学びの実現」を挙げた。

（2）2017年版の「学習指導要領等の改善の方向性」

「学習指導要領等の枠組みの見直し」について，「学びの地図」としての位置づけが明確にされた。これまでの学習指導要領は「何を教えるのか」という教育者側の視点が重視されてきたけれども，これを新しい学習指導要領では，学習者側の視点に立ち，次の6点について枠組みの改善を図った。

① 「何ができるようになるか」（育成を目指す資質・能力）
② 「何を学ぶか」（教科等を学ぶ意義，教科等間・学校段階間のつながりを踏まえた教育課程の編成）
③ 「どのように学ぶか」（各教科等の指導計画の作成と実施，学習・指導の改善・充実）
④ 「子供一人一人の発達をどのように支援するか」（子供の発達を踏まえた指導）
⑤ 「何が身についたか」（学習評価の充実）
⑥ 「実施するために何が必要か」（学習指導要領等の理念を実現するために必要な方策）

①に関して，1998年版学習指導要領で打ち出された「生きる力」を具体化するために，教育課程全体を通して育成する資質・能力を，次の3つの柱（中教審，2016, pp.28-31）として整理した。

① 「何を理解しているか，何ができるか（生きて働く「知識・技能」の修得）」
② 「理解していること・できることをどう使うか（未知の状況にも対応できる「思考力・判断力・表現力等」の育成）」
③ 「どのように社会・世界と関わり，よりよい人生を送るか（学びを人生や社会に生かそうとする「学びに向かう力・人間性等」の涵養）」

あわせて各教科の目標や内容も，この3つの柱で整理することとなった。これは「学力論の大幅な拡張と刷新」（奈須，2017, p.37）をもたらすものであると言える。

「カリキュラム・マネジメントの実現」は，これにより学校教育の改善と充実を図ることが目指された。このため「教科横断的な視点での教育内容の組織的な配列」「データ等にもとづく教育課程の改善」，そして「地域資源の活用」を3つの側面として示した（詳細については，第10章を参照）。

そして「主体的・対話的で深い学びの実現」は，先の「枠組みの見直し」における「どのように学ぶか」という点と関わる。具体的には次のように示された（pp. 49–50）。

① 学ぶことに興味や関心を持ち，自己のキャリア形成の方向性と関連付けながら，見通しを持って粘り強く取り組み，自己の学習活動を振り返って次につなげる「主体的な学び」が実現できているか。

② 子供同士の協働，教職員や地域の人との対話，先哲の考え方を手掛かりに考えること等を通じ，自己の考えを広げ深める「対話的な学び」が実現できているか。

③ 習得・活用・探究という学びの過程の中で，各教科等の特質に応じた「見方・考え方」を働かせながら，知識を相互に関連付けてより深く理解したり，情報を精査して考えを形成したり，問題を見いだして解決策を考えたり，思いや考えを基に創造したりすることに向かう「深い学び」が実現できているか。

これらの意味するところは，特定の指導方法でも，教員の指導の意図性を否定するものでもない，ということである。教育内容と方法をともに重視することで，子どもの学びの過程を質的に高めることが目指された。このため，「何を学ぶか」と「どのように学ぶか」とをカリキュラム・マネジメントによって関係づけることが求められるとした。

（3）2017年版の「教育内容に関する主な改善事項」

「教育内容に関する主な改善事項」は次のとおりである（ここに記していないものについては，学習者自身で諸文献を参照すること）。

すなわち小学校では，第5・6学年に週あたり2コマの「外国語科」と小

学校の第3・4学年に週当たり1コマの「外国語活動」を導入した（詳細は第10章を参照）。

　高等学校については，第1に，教科・科目の新設や改変を行った。新設された教科は理数科（各学科に共通する教科）であり，科目としては「理数探究基礎」「理数探究」が設置された。科目の再編として，たとえば，国語科では「現代の国語」「言語文化」などが，地理歴史科では「歴史総合」「地理総合」，公民科では「公共」が新設された。これにあわせて必履修科目やその単位数が改められた。第2に「総合的な学習の時間」は「総合的な探究の時間」に改称された。

　校種を問わない改善事項としては，第1に，初等中等教育の一貫した学びの充実を示し，例えば，幼稚園と小学校の接続に関しては「スタートカリキュラム」を，また小学校と中学校，中学校と高等学校の接続については，各学校種間での教育課程を踏まえ，円滑な接続の工夫を求めた。第2に，小学校から高等学校にかけて，情報活用能力などを育成するために，プログラミング教育の必要性に言及した。

補足：2017年版学習指導要領には前文がある
　2017年版学習指導要領には，「総則」に先立ち「前文」がある。総則とは第2章にあるように教育課程編成の一般方針を記したものである。では前文とは何かといえば，「（引用者注：2017年版の基本方針の）理念を明確にし，社会で広く共有されるよう新たに前文を設け，次の事項を示した」（文部科学省，2017a，p.6）ということである。その内容は，大きく3つからなる。すなわち，1つ目は「教育基本法に規定する教育の目的や目標の明記とこれからの学校に求められること」，2つ目は「『社会に開かれた教育課程』の実現を目指すこと」，そして3つ目は「学習指導要領を踏まえた創意工夫に基づく教育活動の充実」である。

　こうした前文はこれまでの学習指導要領には存在しなかった。ただし社会に広く理念を共有するという点では，2008年版の告示の際には，パンフレット（保護者用，教員用の2種類），リーフレット（保護者用），ポスター（一般用）とが作成され，配布されたことがある（文部科学省webページ http://www.mext.go.jp/a_menu/shotou/new-cs/pamphlet/index.htm）。な

お，1947年版と1951年版には「序論」が存在した。序論の内容については，過去の学習指導要領を網羅している「学習指導要領データベース（webページ）」を参照して欲しい（http://www.nier.go.jp/guideline/）。

［安藤福光］

【引用・参考文献】
中央教育審議会　『幼稚園，小学校，中学校，高等学校及び特別支援学校の学習指導要領の改善について（答申）』　2008
中央教育審議会　『道徳に係る教育課程の改善等について（答申）』　2014
中央教育審議会　『幼稚園，小学校，中学校，高等学校及び特別支援学校の学習指導要領等の改善及び必要な方策等について（答申）』　2016
水原克敏　『学習指導要領は国民形成の設計書―その能力観と人間像の歴史的変遷―』　東北大学出版会　2010
文部科学省　『小学校学習指導要領（平成29年告示）解説　総則編』　東洋館出版社　2017a
文部科学省　『中学校学習指導要領（平成29年告示）解説　総則編』　東山書房　2017b
奈須正裕　『「資質・能力」と学びのメカニズム』　東洋館出版社　2017

第9章

学習指導要領と教科書

9-1 本章のねらい

　これまでの学校での学習を振り返ってみよう。私たちは，長い間，**教科書**とよばれる多くの書籍にふれてきた。教科書は私たちにとって，もっとも身近な書籍といえるかもしれない。この章では，教科書について，定義，検定・採択という制度を扱い，教科書に対する理解を深めることとしたい。

9-2 教科書とは

　教科書と聞いて，どのような書籍をイメージするだろうか。多くの人が，学校で使用する書籍をイメージするだろう。今日，教科書というタイトルをつけて出版される書籍も多いので，まず教科書の定義を明確にしておこう。

（1）教科書の定義

　教科書には広い定義と狭い定義とがある。広い定義の例は「学校だけでなく任意の学習集団において，一定領域の知識を学習する際に使用される教材として教授−学習上便利な形に編集された図書」（柴田，2000）である。つ

まり，広く学習の場で使用される図書をさす。例えば，聖書などの宗教上の経典や古典作品は教科書として大きな役割を担っているし，一般の図書も学習の場で使用できる内容ならば，広い意味での教科書といえる。

一方，教科書の狭い定義としては，「教科書の発行に関する臨時措置法」の第2条がある。すなわち「小学校，中学校，義務教育学校，高等学校，中等教育学校及びこれらに準ずる学校において，教育課程の構成に応じて組織排列された<u>教科の主たる教材として，教授の用に供せられる児童又は生徒用図書</u>であつて，<u>文部科学大臣の検定を経たもの又は文部科学省が著作の名義を有するもの</u>」（下線は筆者による）をさす。注目したいのは下線部分である。狭い定義の教科書とは，①教科の主たる教材であり，②教授に使用される児童または生徒用図書で，③文部科学大臣の検定を経たもの，または文部科学省が名義を有するもの，をさす。ふだん，私たちが教科書という場合，この狭い定義の教科書をさすことが多い。本章でいう教科書はこちらの定義によっており，「**検定教科書**」などとよばれる。

教科書は「学校教育法」第34条において，「小学校においては，文部科学大臣の検定を経た教科用図書又は文部科学省が著作の名義を有する教科用図書を使用しなければならない。」と定められている。これは中学校（第49条），義務教育学校（第49条の8），高等学校（第62条），中等教育学校（第70条），特別支援学校（第82条）でも準用するとされる。ただし，同法附則第9条においては，高等学校，中等教育学校の後期課程，特別支援学級及び特別支援学校では，適切な教科書がないなどの特別な場合に限って，同法第34条とそれら準用規定にかかわらず，一般の図書を使用できるという，例外が認められている。

（2）副読本とは

「学校教育法」第34条の4項には，「教科用図書及び第二項に規定する教材以外の教材で，有益適切なものは，これを使用することができる。」とある。この「教科用図書」以外の図書を**副読本**といい，教科書の**補助教材**としての役割をもっている。

副読本は，各自治体の道徳教育，環境教育，防災教育，人権教育などで使用されていたり，各地域の特色を記した社会科の補助教材として使用された

りしている。地域の実情を教育内容に反映させるため，副読本は，各自治体の教育委員会で作成・編集されることが多い。

各自治体が作成した副読本には，例えば，小学校3・4年生の社会科で使用する副読本『かさま』（茨城県笠間市），小中一貫英語教育特区（現 教育課程特例校）の小学校英語活動で用いる副読本（石川県金沢市）などがある。笠間市が作成したものはインターネットで全文をダウンロードできるので，参照してほしい。

9-3　教科書検定制度とは

日本の学校教育で使用が義務づけられている教科書は，**教科書検定制度**による検定を経たものである。教科書の検定とは，文部科学省（2009）によると，「民間で著作・編集された図書について，文部科学大臣が教科書として適切か否かを審査し，これに合格したものを教科書として使用することを認めること」である。この制度は，教科書の著作・編集において民間による創意工夫を重視しながら，「日本国憲法」第26条で規定される，国民の教育を受ける権利を実質的に保障するという点で，必要とされる。全国的な教育水準の維持向上，教育の機会均等の保障，適正な教育内容の維持，教育の中立性の確保が教科書には求められているので，国として教科書の内容をチェックする必要がある，というわけである。

教科書検定の方法と手続き

教科書の検定については，「義務教育諸学校教科用図書検定基準」及び「高等学校教科用図書検定基準」に定められている。文部科学省の常勤職員である**教科書調査官**の調査，及び大学教員や小・中・高校の教員などで構成される**教科用図書検定調査審議会**（以下，審議会）の審議を経て，教科書の検定が行われる。

検定の方法と手続きは，次のようになる（文部科学省，2009; 山田他，2003による）。

(1) 教科書発行者が検定を申請すると，文部科学大臣（以下，大臣）は教科書として適切かどうかを審議会に諮問する。と同時に，教科書調査官による調査を開始させる。
(2) 審議会では，**学習指導要領**や**検定基準**にもとづきながら，審議会委員による調査結果と，教科書調査官による調査結果とを総合して，教科書としての適切性を判定し，大臣に答申する。この答申にもとづいて大臣は検定の合否を決定し，検定の結果を教科書発行者である申請者に通知する。ほとんどの場合，審議会と申請者との間で具体的な意見のやりとりがあり，この意見交換の過程で検定に合格できるよう修正されるため，検定で「不合格」となることはあまりない。
(3) 検定に合格した場合，教科書発行者は大臣に対し，完成見本の図書を作成し，提出する。検定が不合格の場合や検定意見に異議がある場合は，申請者が反論や意見の申し立てをできるようになっている。

これらの流れを図示したのが，図9-1である。

9-4　教科書採択とは

　検定に合格しても，すぐにその教科書が教室で配布され，使用されるわけではない。数ある教科書の中から，実際に使用する教科書を決定しなければならない。この手続きを**採択**という。採択の方法は，公立学校と国立（国立大学の附属学校）・私立学校では異なる。公立学校の場合，その学校がおかれている**市町村教育委員会**（または都道府県教育委員会）が採択する。一方，国立と私立学校の場合，教育委員会ではなく，各学校の校長が採択する。さらに，公立学校の場合，小中学校と高等学校とで，採択の方法が異なる。公立の小中学校の場合は後で述べる「**広域採択**」であるが，公立の高等学校の場合，実際には教員が採択する。公立の小中学校は，「義務教育諸学校の教科用図書の無償措置に関する法律」で採択の方法が定められているが，公立の高等学校には，教科書の採択について，こうした定めがないからである。

図 9-1　教科書検定の手続き（文部科学省，2018，web ページより引用）

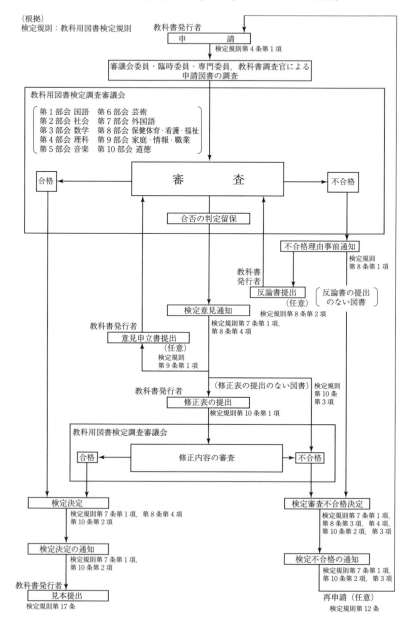

(1) 教科書採択の方法

教科書採択の方法は以下のとおりである（文部科学省, 2009; 山田他, 2003 による）。

(1) 発行者は，次年度に発行しようとする検定済み教科書の科目・使用学年・書名・著作者名等を，大臣に届け出る（①）。

(2) 大臣は届出を一覧表にまとめ，教科書目録を作成する。この目録は都道府県教育委員会を通して，各学校や市町村教育委員会に送付される。教科書は，この目録に登載されなければ採択されない（②）。

(3) 発行者は，採択の参考となるよう，次年度に発行する教科書の見本を都道府県教育委員会や採択権者（市町村教育委員会，国立学校・公立大学法人が設置する学校・私立学校等）に送る（③）。

(4) 都道府県教育委員会は，適切な採択となるよう，採択対象の教科書について調査・研究し，採択権者に指導・助言・援助する。この調査・研究のため，都道府県教育委員会は**教科用図書選定審議会**（専門的知識をもつ校長と教員，教育委員会関係者，学識経験者などで構成）を設置する。都道府県教育委員会は，この審議会の調査・研究結果をもとに選定資料を作成し，採択権者に送付する（④，⑤）。

(5) 都道府県教育委員会は，校長と教員，採択関係者の調査・研究のため，毎年，6月から7月にかけて一定期間，教科書展示会を開催する。この展示会は，各都道府県の**教科書センター**や学校の一室などで行われ，2018年4月現在，全国に950箇所ある（⑥）。

(6) 採択権者は，都道府県教育委員会による選定資料を参考にするほか，独自に調査・研究した上で，1種目につき1種類の教科書を採択する。義務教育諸学校用の場合，通常は同じ教科書を4年間続けて採択することになっている（⑦）。

これらの流れを図示したものが図9-2である（図中の数字は，本文①〜⑦の数字と一致する）。

図9-2 義務教育諸学校用教科書採択の仕組み（文部科学省2018, webページより引用）

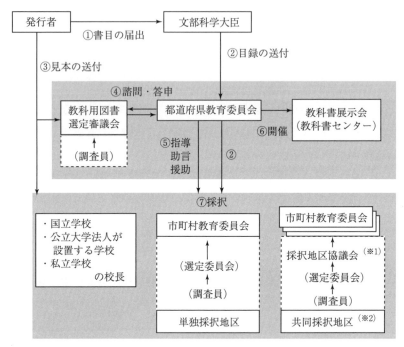

※1 採択地区協議会は法令上設けなければならないもの。括弧書きの組織等は任意的に設けられるもの。
※2 共同採択地区は、2以上の市町村から構成される採択地区である。

（2）義務教育諸学校の共同採択（広域採択）

　公立の小中学校では、近隣地区の学校間で同じ教科書を使用する場合が多い。これは「共同採択」とよばれる仕組みで（文部科学省, 2018）,「広域採択」ともよばれる（以下，本章では，広域採択とする）。広域採択は，「義務教育諸学校の教科用図書の無償措置に関する法律」により定められている。もしもX市立A中学校とX市立B中学校で，英語の教科書が異なると，A中学校とB中学校との間で教員が異動（転勤）する場合，いままでとは別の教科書を一から学び直さなければならない。また，A中学校とB中学校との教員は，共同で教材研究をする際に不便である。これらの問題は，広域採択の場合，生じにくいだろう。

　広域採択を実施する採択地区は，地域内で同一の教科書を使用することが

適当と考えられる地域であり，都道府県教育委員会が自然的，経済的，文化的条件を考慮して決定する。2018年現在，全国に584地区あり，1地区は平均して約3.0市町村で構成される。採択地区内の市町村は，共同採択のための採択地区協議会を設け，学校の教員などで構成する調査員をおくなどして，教科書について共同調査・研究を行っている。

　2014年4月16日，「義務教育諸学校の教科用図書の無償措置に関する法律の一部を改正する法律」が公布され，公立小中学校の教科書採択の方法が改められた。主たる改正点を示せば，上段で記した「採択地区協議会」の設置が義務付けられたことである。あわせて採択地区内の市町村教育委員会は，この協議会の協議結果にもとづいて，種目ごとに同一の教科書を採択しなければならないことになった。改正の背景には，近年の共同採択をめぐって協議が困難化する現状があるとされる。

9-5　教科書無償給与制度

　皆さんの小学校と中学校時代を思い出してほしい。皆さんは学校で教科書が配布されたとき，教科書代を支払っただろうか。まずないはずである。それは，「日本国憲法」第26条の義務教育無償の精神を実現するため，授業料をとらないとともに，教科書を無料で児童生徒に配布しているからである。後者の制度は，**教科書無償給与制度**という。

　この制度は，1962年の「義務教育諸学校の教科用図書の無償に関する法律」と1963年の「義務教育諸学校の教科用図書の無償措置に関する法律」によって定められた。1963年度の小学校第1学年から実施され，1969年度に小学校と中学校の全学年で無償給与が完成し，現在まで続いている。2018年度政府予算には，約433億円が計上された。

　高等学校は義務教育ではないので，こうした制度がない。それゆえ，皆さんは毎年教科書を購入したはずである。

9-6　これからの教科書と教科書検定制度

　2008（平成20）年12月，審議会は「教科書の改善について」という報告

書を出した。これは 2006（平成 18）年の教育基本法改正，2007（平成 19）年の学校教育法改正，そして 2008 年の学習指導要領改訂をうけたもので，「教科書の充実」と「検定手続きの改善」という二つの柱から構成された。

　2013（平成 25）年に，文部科学大臣は「教科書改革実行プラン」を発表した。子どもたちが学習に取り組む際に，バランスよく記載され，採択権者が責任をもって採択した教科書を使用できることをめざした総合的な政策パッケージで，編集・検定・採択の各段階での制度改善が求められた。

　道徳の時間は，2015（平成 27）年の学校教育法施行規則の改正，小学校と中学校の学習指導要領の一部改正により，「特別の教科　道徳」として教科化されることになった。これを受けて，同年 7 月には「『特別の教科　道徳』の教科書検定（報告）」が出された。この報告にもとづき，義務教育諸学校教科用図書検定基準等が改正された。

　2017（平成 29）年 3 月に小学校と中学校の学習指導要領が改訂され，小学校は 2020（令和 2）年，中学校は 2021（令和 3）年より全面実施されることになった。平成 29 年，審議会はこの改訂をうけて「教科書の改善について（報告）」を示した。報告の柱は「(1)次期学習指導要領の実施に向けた教科用図書検定基準等の改善」，「(2)デジタル教科書の導入の検討に関連した教科用図書検定基準等の改善」，そして「(3)検定手続を改善するための教科用図書検定規則等の改善」の三つである。以下，抜粋を示す。

　(1)は，新しい学習指導要領で謳われる資質・能力の育成に向けた「主体的・対話的で深い学び」の視点での教科書作成を求めたものであった。このため，検定基準に上記視点への配慮に関する規定の設定を妥当とした。

　(2)では，デジタル教科書の導入と検定制度の関係について述べた。「『デジタル教科』の位置付けに関する検討会議」で報告された，紙とデジタル教科書の内容は同一であること，デジタル教科書については改めて検定を行う必要がないこと，動画や音声などは検定を要しないこと，などを再確認した。

　(3)は，教科書の誤記や誤植などを減少させるための訂正申請のあり方を示したものであった。また，近年の「教科書謝礼問題」への対応として，検定の申請・審査に関するペナルティを課す仕組みについても言及した。

補足1：大学の教科書

大学などの高等教育機関で使用される教科書は，狭い定義の教科書に含まれない。大学などの教科書は，文部科学大臣の検定を経ていないことなど，狭い定義の特徴を満たしていないからである。そのため，同じ書名であっても，内容構成に大きな違いがあったりする。したがって，大学などで使用する教科書は，講義担当者が教科書として使用できるかどうかを吟味して，選択したものである。皆さんがいま使用しているこの教科書も，講義担当者が数ある図書の中から選択したものである。

補足2：教科書の定価

教科書の定価は，種目別・学年別の最高額が，文部科学省告示で定める定価認可基準で決められていて，この範囲内で文部科学大臣が認可している。2018年度の教科書1点の平均価格は，小学校用378円，中学校用547円，高等学校用808円である。

補足3：教科書図書館

東京都江東区には，「**教科書図書館**」がある。正式名称は，財団法人教科書研究センター附属教科書図書館といい，日本をはじめ諸外国の教科書が収集されている。日本の教科書は，明治期から1946（昭和21）年までのものと1949（昭和24）年以降の検定済み教科書が保存されている。各学習指導要領下の教科書の内容を比較することができ，特に終戦直後の検定教科書は，近年の教科書とは異なる点が多いので，必読である。東京都北区にも「東書文庫」（東京書籍株式会社附設教科書図書館）がある。

[安藤福光]

【引用・参考文献】
市川須美子・浦野東洋一・小野田政利・窪田眞二・中嶋哲彦・成嶋隆 編集委員 『教育小六法』 学陽書房 2008
教科用図書検定調査審議会 「教科書の改善について（報告）」 2017
　　http://www.mext.go.jp/a_menu/shotou/kyoukasho/gaiyou/04060901/1387001.htm
柴田義松 『教育課程──カリキュラム入門』 有斐閣 2000
日本カリキュラム学会 編 『現代カリキュラム事典』 ぎょうせい 2001

日本教育方法学会 編 『現代教育方法事典』 図書文化　2004
文部科学省　教科書制度の概要に関する web ページ　2018
　　http://www.mext.go.jp/a_menu/shotou/kyoukasho/gaiyou/04060901.htm
山田恵吾・藤田祐介・貝塚茂樹 『学校教育とカリキュラム』 文化書房博文社　2003

第10章

教育課程改革をめぐる近年の動き

　本章では，教育課程改革をめぐる近年の動きとして，「総合的な学習の時間」(10-1)，「小学校外国語」(10-2)，および「カリキュラム・マネジメント」(10-3) を扱う。いずれも平成期の学習指導要領で提唱された。今後の学校のカリキュラムづくりに欠かせないため，本章で基礎的な内容を理解した上で，専門書等での学習を勧める。以下，断りのない限り，学習指導要領の改訂年は小学校のものを示す。このため中高とは異なる場合がある。

10-1　総合的な学習の時間

(1) 総合的な学習の時間のこれまで

　1996 (平成8) 年の中央教育審議会の第一次答申 (以下，中教審答申) では，これからの社会に生きる子ども達に求められる力として，「生きる力」が提案された。「総合的な学習の時間」は，この「生きる力」を育成する一つの柱として構想され，1998 (平成10) 年版学習指導要領で小学校3年生以上に必置の活動として新設された。

　「総合的な学習の時間」の最終的なねらいは，各教科などで身につけた知識や技能を関連づけたり，深めたりすることで，児童生徒の中で知識や技能

が総合的に働くようにすることにあった。このため，(1)主体的に問題を解決する能力，(2)学習の方法やものの考え方，(3)主体的・創造的に取り組む態度，そして(4)自分の生き方についての自覚，という四つの力の育成が期された。

一方で，各教科等のように目標と内容を明示することは避け，体験的な学習，国際理解教育，地域や学校の特色に応じた課題，キャリア教育など，学習活動の例示にとどめた。それは，各学校での創意工夫を尊重し，実態に応じた学習活動を展開できるようにするためであった。あわせて集中形式などの時間設定，グループ学習や異年齢集団での学習などの学習形態，外部人材の活用や異教科の教員による協働などの指導体制，地域の豊かな教材や学習環境の活用など，柔軟な運用方法も提案された。

しかし，「総合的な学習の時間」は開始早々，「学力低下論争」をきっかけに大きな混乱に巻き込まれた。この混乱に対し，2003（平成15）年に学習指導要領が一部改正され，各学校の取り組みへの温度差，形骸化が指摘されていたこの活動は，全体計画の作成などの充実化が図られた。

2008（平成20）年の学習指導要領改訂では，更なる充実化がめざされ，大幅な変更が加えられた。「総合的な学習の時間」に関する課題として，教科等とこの活動の役割分担の不明確さ，ねらいや育成したい力の不明確さが指摘された。これを解決するため，(1)教科等の枠を超えた横断的・総合的な学習や探究的な活動となるように充実化する，(2)新たに章立てをすることでこの活動の教育課程上の位置づけを明確化する，(3)上の(1)と関連し，各教科と「総合的な学習の時間」の役割分担を明確にして，この活動のねらい等を明確にする，そして(4)重複した取り組みを改善するため，学校段階ごとに学習活動の例示を見直す，ことが示された。(1)と(3)について，各教科は「習得」と「活用」を重視し，「総合的な学習の時間」で「探究」を重視することが示された。この「探究」については，「①課題の設定→②情報の収集→③整理・分析→④まとめ・表現」というプロセスを明示して学習活動を進めていくことを重視した。また育成したい力を，学習方法に関する視点，自分自身に関する視点，そして他者や社会とのかかわりに関する視点，の3つで例示することで，先の課題の解決をめざした。

（2）総合的な学習の時間のこれから

　2016（平成28）年，中教審答申は，総合的な学習の時間の成果として，全国学力・学習状況調査や国際的な学力調査（OECD-PISA）での結果の改善に結びついた，とした。また，この活動が子どもたちの学習の姿勢に大きく影響している点が，OECDをはじめ国際的に高く評価されている，とした。

　一方で，次の3点を課題として指摘した。

(1) 総合的な学習の時間で育成する資質・能力を更に明確にして，各教科との関係性を意識しながら，学校全体で育成したい資質・能力に対応したカリキュラム・マネジメントが重要である。

(2) 探究のプロセスのうち，「整理・分析」「まとめ・表現」に対する取り組みが不十分であり，一人一人の資質・能力の向上を意識する必要がある。

(3) 高校における総合的な学習の時間について，地域の活性化に資する充実した実践が行われつつある一方で，そうでない実践もあり，小・中学校の取り組みの成果を踏まえた実践が求められる。

　これらの課題を解決するため，改訂の要点が三つ示された。1つ目は，「改訂の基本的な考え方」である。小・中学校では，探究的な学習の過程を一層重視することとした。すなわち「総合的な学習の時間」を通して，各教科等で育成する資質・能力を互いに関連させ，実生活等で活用できるようにする。各教科等を越えた学習の基盤となる資質・能力を育成する，ことである。

　一方，高校は，その名称を「総合的な探究の時間」に変更した。小・中学校における「総合的な学習の時間」の取り組みを踏まえて，各教科・科目等の「見方・考え方」を総合化することとした。また，自ら問いを見つけ，それを探究する力を育成するために，自己の在り方生き方，自己のキャリア形成の方向性と関連させることとした。

　2つ目は，「目標の改善」である。「探究的な見方・考え方」（高校：「探究の見方・考え方」）を働かせ，総合的・横断的な学習の中で，自己の生き方（高校：自己の在り方生き方）を考えていくことで，課題を発見・解決するという資質・能力の育成をめざすことが明確にされた。また，カリキュラ

ム・マネジメントの軸として，各学校の教育目標を踏まえて，この「総合的な学習の時間」（高校：「総合的な探究の時間」）の目標を設定することが示された。

3つ目は「学習内容，学習指導の改善・充実」である。次の4点からなる。

(1) この活動の目標を実現するのにふさわしい探究課題を設定し，この解決を通して育成を目指す具体的な資質・能力を設定するようにした。

(2) 探究的な学習や探究活動の中で，各教科等で育成する資質・能力をお互いに関連させ，それを実生活等で総合化できるようになることを目指した。

(3) 教科等を越えたすべての学習の基盤となる資質・能力を育成するために，協働的な課題解決学習，言語を用いた学習（分析，総括，表現など），情報の収集・整理・発信する学習（コンピュータ等の活用）など，課題を探究する中でこうした学習活動が行われることが求められた。

(4) 小・中学校における自然体験やボランティア活動などの体験活動，地域の教材や学習環境を積極的に取り入れること等は今後も重視していくこととした。高校においても，自然体験，就業体験，社会体験などの諸活動，また観察・実験・実習，調査・研究，発表・討論などの学習活動は継続して重視していくことが改めて示された。

補足：「総合的な学習の時間」の源流

「総合的な学習の時間」は，平成10年版学習指導要領で新設された。かつて，このような学習が実践されたり，構想されたりした歴史がある。例として，大正新教育運動時の木下竹次の「合科学習」，及川平治の「生活単位学習」，戦後は無着成恭の実践もある（天野他：1999，柴田：2000）。また，日本教職員組合が委嘱・設置した中央教育課程検討委員会（1976）の『教育課程改革試案』では，「総合学習」が提案された。

［安藤福光］

【引用・参考文献】

天野正輝 編著 『総合的学習のカリキュラム創造――教育課程研究入門』 ミネルヴァ書房 1999

教育課程審議会答申 『幼稚園，小学校，中学校，高等学校，盲学校，聾学校及び養護学校の教育課程の基準の改善について』 1998

柴田義松 『教育課程――カリキュラム入門』 有斐閣 2000

中央教育審議会答申 『21世紀を展望した我が国の教育の在り方について（第一次答申）』 1996

中央教育審議会答申 『幼稚園，小学校，中学校，高等学校及び特別支援学校の学習指導要領等の改善』 2008

中央教育審議会答申 『幼稚園，小学校，中学校，高等学校及び特別支援学校の学習指導要領等の改善及び必要な方策等について』 2016

日本教職員組合 『教育課程改革試案』 一ツ橋書房 1976

文部科学省 『小学校学習指導要領解説　総合的な学習の時間編』，『中学校学習指導要領解説　総合的な学習の時間編』 2008

文部科学省 『小学校学習指導要領解説　総合的な学習の時間編』，『中学校学習指導要領解説　総合的な学習の時間編』 2018

文部科学省 『高等学校学習指導要領解説　総合的な探究の時間編』 2018

10-2　小学校への外国語教育導入の経緯と現状

（1）小学校外国語の部分的導入

　公立小学校への外国語導入の論議は，1980年代の新聞記事から始まったといわれるが，本格的な検討は1990年代に入ってからである。小学校への外国語導入は，表10-1の四つのステージに分類できる。

　第1ステージは，カリキュラムも教材もないところから，小学校英語教育の在り方を学校現場が中心になって模索した時代であった。その実践例として，千葉県成田市立成田小学校は1996年度から2008年度の間，4回にわたって小学校外国語と関連する研究開発学校の指定を受けた。

　第2ステージは，「総合的な学習の時間」の中で部分的に導入された時代である。1998年度告示の学習指導要領により，各学校は「総合的な学習の時間」の枠で，学校独自の判断により，「国際理解に関する学習の一環としての外国語会話等」を実施できることになった。学習指導要領（1998：3）は，小学校外国語について次のように述べる。

表10-1　小学校への外国語教育導入経緯と特徴

4つのステージ（年度）	位置づけ	特徴	文部省，文部科学省の教材
第1ステージ（1992～2001）	研究開発学校	1992年大阪で2校，1996年には各都道府県で1校単位へと拡大。	
第2ステージ（2002～2010）	「総合的な学習の時間」として部分的導入	各学校で工夫	
第3ステージ（2011～2019）	・「外国語活動」の必修化 ・「総合」から「領域」へ	第5,6学年，年間35時間	『英語ノート1,2』：2009年から 『Hi, Friends 1,2』：2012年から
第4ステージ（2020～　）	・「外国語科」の必修化 ・「領域」から「教科」へ	・「外国語活動」：第3,4学年，年間35時間 ・「外国語科」：第5,6学年，年間70時間	『Let's Try 1,2』第3,4学年 『We Can 1,2』第5,6学年

注：・『We Can 1,2』は，新学習指導要領に対応する検定教科書が2020年学習現場へ無償給与されるまでの2年間に用いられる教材。
　　・年度は全面実施される年度を示す。

> 「国際理解に関する学習の一環としての外国語会話等を行うときは，学校の実態等に応じ，児童が外国語に触れたり，外国の生活や文化に慣れ親しんだりするなど小学校段階にふさわしい体験的学習が行われるようにすること。」（総則第3の5）

　「総合的な学習の時間」の内容は各学校に任され，学校によって内容や指導の方法にばらつきが出た時期である（10-1(1)参照）。結果的に，中学校との連携や教育の機会均等という面から課題が指摘され，共通の指導内容等を設定する必要性が強く求められるようになった。

（2）外国語活動の必修化：「総合」から「領域」へ
　第3ステージは必修化の時代である。「総合的な学習の時間」の取り組みから生じた課題を解決するため，国として各学校で共通の指導内容の提示が

必要とされ，2008年度告示の小学校学習指導要領により，5・6年生で週1時間の「外国語活動」が新設され，必修化された。ただし，「教科」ではなく「領域」としての位置付けとなった。小学校における外国語活動の目標や内容を踏まえれば，一定のまとまりをもって活動を行うことが適当であるが，教科のような数値評価にはなじまないと考えられた。

　こうした部分的導入の意義は，第1に，これまで中等教育で「教科」として扱われてきた「外国語」を教科の枠から外し，小学校で教育課程の一領域に位置付けたことである。第2に，「国際理解に関する学習の一環として」という条件を付して，既存の外国語教育における言語中心的な考えを改め，実践的な異文化間コミュニケーションの考えを打ち出したことである。学習指導要領（2008年版）の「外国語活動」の目標は，次の通りである。

> 　外国語を通じて，言語や文化について体験的に理解を深め，積極的にコミュニケーションを図ろうとする態度の育成を図り，外国語の音声や基本的な表現に慣れ親しませながら，コミュニケーション能力の素地を養う。

　『小学校学習指導要領解説　外国語活動編』（2008）は「3つの柱を踏まえた活動を総合的に体験することで，中・高等学校等における外国語科の学習につながるコミュニケーションの素地を作ろうとするものである」とし，小学校外国語活動の役割を示した。外国語活動は，外国語の文法や語彙などの形式を知識として学ぶのではなく，文脈や話し方などから話し手が伝えようとしている意味や意図を推測する体験を子どもに提供し，コミュニケーションに不可欠な推測力を養うことを大切にする。つまり，相手の言う意味が「分かった」，自分の言ったことが相手に「通じた」という体験を通して，コミュニケーションを図る態度の育成を目的とする。

　指導内容は学年ごとでなく，2学年を通じて示された。あわせて指導内容や活動は，「児童の興味関心にあったものとし，国語科，音楽科，図画工作などの他教科等で児童が学習したことを活用するなどの工夫により，指導の効果を高めるようにする」とされた。各学校が子どもの実態に応じて，各学年の指導内容を柔軟に設定し，基本的には学級担任が中心になって教えるとされた。また外国語活動においては，英語を取り扱うことを原則とした。

(3)「外国語科」の必修化：「領域」から「教科」へ

　第4ステージは，教科化の時代である。小学校学習指導要領（2017年3月告示）では，中学年に「外国語活動」（年間35単位時間），高学年に「外国語科」（年間70単位時間）がそれぞれ導入され，2年間の移行期間を経て，2020年度より完全実施される。小学校の4年間で合計210時間，英語に触れることになる。これは，「外国語活動」で培われた実績を基礎として，さらに実践的なコミュニケーション能力を確実にしていこうとする，「外国語活動」から一歩進んだ結果でもある。

　新学習指導要領における外国語活動及び外国語科の目標を，次に示す。

＜小学校外国語活動の目標＞

　外国語によるコミュニケーションにおける見方・考え方を働かせ，外国語による聞くこと，話すことの言語活動を通して，コミュニケーションを図る素地となる資質・能力を次のとおり育成することを目指す。

　(1)外国語を通して，言語や文化について体験的に理解を深め，日本語と外国語との音声の違い等に気付くとともに，外国語の音声や基本的な表現に慣れ親しむようにする。

　(2)身近で簡単な事柄について，外国語で聞いたり話したりして自分の考えや気持ちなどを伝え合う力の素地を養う。

　(3)外国語を通して，言語やその背景にある文化に対する理解を深め，相手に配慮しながら，主体的に外国語を用いてコミュニケーションを図ろうとする態度を養う。

＜小学校外国語科の目標＞

　外国語によるコミュニケーションにおける見方・考え方を働かせ，外国語による聞くこと，読むこと，話すこと，書くことの言語活動を通して，コミュニケーションを図る基礎となる資質・能力を次のとおり育成することを目指す。

　(1)外国語の音声や文字，語彙，表現，文構造，言語の働きなどについて，日本語と外国語との違いに気付き，これらの知識を理解するとともに，読むこと，書くことに慣れ親しみ，聞くこと，読むこと，話すこと，書くことによる実際のコミュニケーションにおいて活用できる基礎的な技能を身に付けるようにする。

　(2)コミュニケーションを行う目的や場面，状況などに応じて，身近で簡単な事柄について，聞いたり話したりするとともに，音声で十分に慣れ親しんだ外国語の語彙や基本的な表現を推測しながら読んだり，語順を意識しながら書いたりして，自分の考えや気持ちなどを伝え合うことができる基礎的な力を養う。

　(3)外国語の背景にある文化に対する理解を深め，他者に配慮しながら，主体的に外国語を用いてコミュニケーションを図ろうとする態度を養う。

目標には，今回の改訂で育成する3つの柱「知識及び技能」，「思考力，判断力，表現力等」，及び「学びに向かう力，人間性等」の詳細な目標が，それぞれ(1),(2),(3)として明確に設定された。これらをみると，外国語活動では，今回の改訂でもコミュニケーション能力の素地の育成が最も重要な目標とされている点は変わりがない。外国語活動は外国語を知識として学ぶのではなく，あくまでも体験重視の学習である。

　一方，教科としての外国語では，基礎的，基本的な知識を着実に習得しながら，既存の知識と関連づけたり組み合わせたりすることで，学習内容の深い理解と個別の知識の定着を図るとともに，社会におけるさまざまな場面で活用できる概念とすることが重要である。外国語へのさまざまな気づきを外国語でコミュニケーションを図る際に活用し，生きた知識とする必要がある。

　新学習指導要領の外国語活動および外国語科で注目すべき点は，次の3点である。第1に，外国語活動は「聞くこと」「話すこと」の2技能が中心で，外国語科では「読むこと」「書くこと」が加わり4技能を扱うが，今回の改訂では「話すこと」を「やり取り」と「発表」に分け，外国語活動は3領域，外国語科では5領域とした点である。新学習指導要領では，外国語で「何を学ぶか」から「何ができるか」という能力の育成をめざし，CAN-DO項目と活用場面が領域ごとの到達目標として用いられている。

　第2に，外国語において「読み」「書き」は，音声で十分に慣れ親しんだ外国語の語彙や基本的な表現をもとにする点である。

　第3に，音声の指導は，必ずコミュニケーションの中でまず体験し，意味内容が理解できることを前提とし，文構造の指導は，抽象的な規則を説明する指導ではなく，実際のコミュニケーションを通して気付くよう導くことを大切にする。これらの指導はペアやグループ・ワークを通して行い，他者への配慮の体験的な学習へとつながる。

　このように小学校の外国語教育は，一貫して「実際のコミュニケーションの中で児童が気付く」ことを重視する傾向にある。

〔金　珉淑〕

【引用・参考文献】
小川隆夫・東仁美著，吉田研作 監修 『小学校英語はじめる教科書』 mpi 松香フォニックス 2017
文部科学省 『小学校学習指導要領解説 外国語活動・外国語編』 開隆堂 2017

10-3 カリキュラム・マネジメント

(1) カリキュラム・マネジメントとは？

　本節では，2017（平成29）年版学習指導要領の改訂において，学習指導要領等の理念を実現するために必要な方策の一つとして新たに位置づけられた「カリキュラム・マネジメント」について，その要点を概説する。

　カリキュラム・マネジメントとは，「学習指導要領等を受け止めつつ，子供たちの姿や地域の実情等を踏まえて，各学校が設定する学校教育目標を実現するために，学習指導要領等に基づき教育課程を編成し，それを実施・評価し改善していくこと」（中央教育審議会，2016）である。従来，学校教育にかかわる法規・行政の場では「教育課程」という語が用いられてきたことを考えれば「教育課程経営」と表記されそうなところ，あえてカリキュラム・マネジメントというカタカナ表記が採用された。その理由は判然としないが，この語自体は決して目新しいものではない。

　すでに2003年の学習指導要領の一部改正（10-1(1)参照）における中央教育審議会の答申で，「校長や教員等が学習指導要領や教育課程についての理解を深め，教育課程の開発や経営（カリキュラム・マネジメント）に関する能力を養うことが極めて重要である」と指摘されていた（中央教育審議会，2003）。その後，2008年版学習指導要領改訂時の答申において，「学校教育の質を向上させる観点から，教育課程行政において，①学習指導要領改訂を踏まえた重点指導事項例の提示，②教師が子どもたちと向き合う時間の確保などの教育条件の整備，③教育課程編成・実施に関する現場主義の重視，④教育成果の適切な評価，⑤評価を踏まえた教育活動の改善といった，Plan(①)-Do(②・③)-Check(④)-Action(⑤) の PDCA サイクルの確立が重要である。各学校においては，このような諸条件を適切に活用して，教育課程や指導方法等を不断に見直すことにより効果的な教育活動を充実させると

いったカリキュラム・マネジメントを確立することが求められる」と，より踏み込んだ言及がなされている（中央教育審議会，2008）。

したがって，2017年版学習指導要領の改訂は，これらの経緯を踏まえたものであると解する必要がある。また，答申のみならず，実際にこれまでの『学習指導要領解説 総則編』でも，教育課程の編成，実施，評価，改善に関する記述はあった。従前との最大の違いは，学習指導要領の本文（第1章総則）にはっきりと明記され，発展的に位置づけられるようになったことにある。

（2）どこがポイントなのか？

2017年版学習指導要領の総則におけるカリキュラム・マネジメントに関する主たる記述は次の表10-2の通りである（中学校学習指導要領から抜粋，丸数字は引用者による）。

表10-2　カリキュラム・マネジメントに関する主たる記述

> 各学校においては，①生徒や学校，地域の実態を適切に把握し，教育の目的や目標の実現に必要な教育の内容等を教科等横断的な視点で組み立てていくこと，②教育課程の実施状況を評価してその改善を図っていくこと，③教育課程の実施に必要な人的又は物的な体制を確保するとともにその改善を図っていくことなどを通して，教育課程に基づき組織的かつ計画的に各学校の教育活動の質の向上を図っていくこと（以下「カリキュラム・マネジメント」という。）に努めるものとする。

引用中の丸数字は，カリキュラム・マネジメントの三つの側面とされる。まず①は，「教科等横断的な視点」がキーワードである。「何を学ぶか」という教育の内容を選択して組織していくとともに，その内容を学ぶことで「何ができるようになるか」という資質・能力を明確に設定し，教育課程全体の中で適切に位置づけていくことが求められる。小学校・中学校に関しては，『学習指導要領（平成29年告示）解説 総則編』付録6に「現代的な諸課題に関する教科等横断的な教育内容についての参考資料」が所収されているため，参考にしてほしい。

次いで②については，各種調査結果やデータ等の活用が推奨されている。

児童生徒や学校，地域の実態を定期的に把握し，そうした結果等から教育の目的・目標の実現状況や教育課程の実施状況を確認・分析して課題となる事項を見出すことで，改善方針を立案・実施していくことが求められる。その際，教育課程の評価や改善は学校評価と関連づけながら実施することが必要であるとされる。ただし，全国学力・学習状況調査などの学力調査自体はカリキュラムの評価ではないことは注意しておいた方がよい。カリキュラムを分析・評価し，マネジメントする際の要素には，例えば図10-1がある。

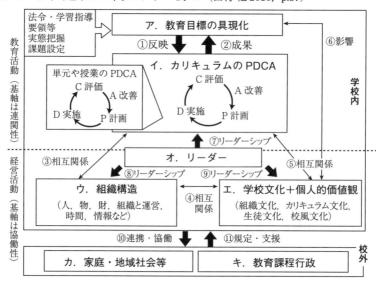

図10-1　カリキュラムマネジメント・モデル（田村 他 2016, p.37）

　最後の③は条件整備であり，教育課程の実施にあたっては，人材や予算，時間，情報といった人的または物的な資源を，教育の内容と効果的に組み合わせていくことが重要となる。例えば，教師の指導力，教材・教具の整備状況，地域の教育資源や学習環境（近隣の学校，社会教育施設，生徒の学習に協力できる人材等）などを客観的かつ具体的に把握して，教育課程の編成・実施に生かすことが求められる。すなわち，「社会に開かれた教育課程」という理念を実現するために，教育課程を介して学校と家庭，地域がつながることが期待されている。その際，行政による条件整備が必要不可欠になるこ

とは言うまでもない。

（3）どのように進めていくのか？

　カリキュラム・マネジメントは，校長のリーダーシップのもと，すべての教職員が参加することによって，地域とも対話・協働しながら「自校」の特色を創り上げていくプロセスである。部分の総和は全体ではない。セクショナリズムに陥ることなく，1足す1が2以上になるよう，いかに相乗効果を生み出していくかが重要となる。『学習指導要領解説 総則編』に掲載されている具体的な手順の一例は，表10-3の通りである。例えば教師にとって最も身近な教科書に沿って，教科書をそのまま教育課程の編成表とすることがないよう，組織的な創意工夫が望まれている。

表10-3　教育課程の編成や改善に取り組む際の手順の一例（抜粋）

(1)　教育課程の編成に対する学校の基本方針を明確にする。 　　ア　学校として教育課程の意義，教育課程の編成の原則などの編成に対する基本的な考え方を明確にし，全教職員が共通理解をもつ。 　　イ　編成のための作業内容や作業手順の大綱を決め，作業計画の全体について全教職員が共通理解をもつ。 (2)　カリキュラムの編成・実施のための組織と日程を決める。 (3)　カリキュラムの編成のための事前の研究や調査をする。 　　ア　教育課程についての国の基準や教育委員会の規則などを研究し理解する。 　　イ　生徒の心身の発達の段階や特性，学校及び地域の実態を把握する。その際，保護者や地域住民の意向，生徒の状況等を把握することに留意する。 (4)　学校の教育目標などカリキュラムの編成の基本となる事項を定める。 　　ア　事前の研究や調査の結果を検討し，学校教育の目的や目標に照らして，それぞれの学校や生徒が直面している教育課題を明確にする。 　　イ　学校教育の目的や目標を調和的に達成するため，各学校の教育課題に応じて，学校の教育目標など教育課程の編成の基本となる事項を設定する。 　　ウ　編成に当たって，特に留意すべき点を明確にする。 (5)　カリキュラムを編成する。 　　ア　指導内容を選択する。　イ　指導内容を組織する。　ウ　授業時数を配当する。 (6)　カリキュラムを評価し改善する。 　　ア　評価の資料を収集し，検討する。

> イ　整理した問題点を検討し，原因と背景を明らかにする。
> ウ　改善案をつくり，実施する。

［緩利　誠］

【引用・参考文献】

中央教育審議会　『初等中等教育における当面の教育課程及び指導の充実・改善方策について（答申）』　2003年10月

中央教育審議会　『幼稚園，小学校，中学校，高等学校及び特別支援学校の学習指導要領等の改善について（答申）』　2008年1月

中央教育審議会　『幼稚園，小学校，中学校，高等学校及び特別支援学校の学習指導要領等の改善及び必要な方策等について（答申）』　2016年12月

田村知子・村川雅弘・吉冨芳正・西岡加名恵 編著　『カリキュラムマネジメント・ハンドブック』　ぎょうせい　2016

第Ⅱ部　教育方法

　第Ⅱ部では，「教育方法」を扱う。最初に教育方法学の意義と目標を述べ，教育方法の重要な要素である，教材概念と教材研究，学習指導の原理，学習指導過程，児童・生徒理解と学習集団，教育評価について各章で解説する。次いで教育方法を具体化する，視聴覚教育と視聴覚メディア，インストラクショナル・デザインについて解説し，情報コミュニケーション技術の教育利用とメディアシステムの管理について紹介する。

第11章

教育方法学の意義と目標

11-1 現代における教育方法学

(1)「生きる力」の育成

　教育は，人間の成長や発達にとって欠くことのできない営みである。教え，学ぶという行為によって，人間は知識や技術を習得するとともに，よりよい生き方を身につける。学校はもちろんのこと，家庭，職場，地域社会のそれぞれにおいて，教育の重要性が強調されるのはそのためである。

　しかしながら，多様かつ複雑な現代社会において，教育や学校の意味及びその役割が問い直されている。家庭における生活のゆがみ，青少年による凶悪な犯罪，学校におけるいじめや荒れ，不登校の増加といった現象は，教育，授業，あるいは教師に対する信頼を低下させた。そのようななか，今日の学校教育における課題として，**生きる力**の育成及び学力向上をあげることができる。

　「生きる力」については，中央教育審議会答申「21世紀を展望した我が国の教育の在り方について」(1996 (平成8) 年) の中で，「我々はこれからの子供たちに必要となるのは，いかに社会が変化しようと，自分で課題を見つけ，自ら学び，自ら考え，主体的に判断し，行動し，よりよく問題を解決す

る資質や能力であり，また，自らを律しつつ，他人とともに協調し，他人を思いやる心や感動する心など，豊かな人間性であると考えた。たくましく生きるための健康や体力が不可欠であることは言うまでもない。我々は，こうした資質や能力を，変化の激しいこれからの社会を［生きる力］と称することとし，これらをバランスよくはぐくんでいくことが重要であると考えた。」と述べられている。この理念は，「知識基盤社会」といわれる2008（平成20）年版学習指導要領においても受け継がれている。

さらに，2016（平成28）年12月の中央教育審議会答申「幼稚園，小学校，中学校，高等学校及び特別支援学校の学習指導要領等の改善及び必要な方策等について」においては，情報化やグローバル化といった社会の変化が進展する中で，「予測できない変化に受け身で対処するのではなく，主体的に向き合って関わり合い，その過程を通して，自らの可能性を発揮し，よりよい社会と幸福な人生の創り手となっていけるようにすること」の重要性が強調された。これは，アクティブ・ラーニングを意味する「主体的・対話的で深い学び」として，学習指導の方法にも影響を及ぼしている。

（2）学力問題と教育方法学

学校教育におけるもう一つの課題としてあげられるのが，**学力**向上についてである。この問題がとりあげられたのは，経済協力開発機構（Organisation for Economic Co-operation and Development; OECD）が実施した生徒の**学習到達度調査**（Programme for International Student Assessment; PISA）がきっかけである。この国際調査の第1回（2000（平成12）年）において，日本は読解力8位（2位グループ），数学的リテラシー1位，科学的リテラシー2位（1位グループ）であったが，2003（平成15）年から2022（令和4）年にかけては，読解力が14位→15位→8位→4位→8位→15位→3位，数学的リテラシーが6位→10位→9位→7位→5位→6位→5位，科学的リテラシーが2位→6位→5位→4位→2位→5位→2位へと，学力低下とその対応が重視された。

世界トップクラスの学力と自他ともに認めていた日本にとって，PISAの結果は衝撃的であり，しかも学ぶ意欲や習慣が十分身についておらず勉強時間は最低レベル，理科を学ぶ意欲や楽しさは最下位といったように，成績以

外の面においてもさまざまな課題が明らかになった。さらに，学力低下の問題はゆとり教育と密接に関連して，「生きる力」をはぐくむためにゆとりをもたせようと教科内容や授業時数の削減に踏み切った結果が，学力低下を招いたと批判されたのである。

それとともに，ここではPISAの求める学力とは何かということも，考慮しなければならない。それは，「学校の教科で扱われているようなある一定範囲の知識の習得を超えた部分まで評価しようとするものであり，生徒がそれぞれ持っている知識や経験をもとに，自らの将来の生活に関係する課題を積極的に考え，知識や技能を活用する能力があるかをみる」ものである（国立教育政策研究所 編，2002）。また，「キーコンピテンシー」としてあげられている要素は，相互作用的に道具を用いる力，異質な集団で交流する力，自律的に活動する力の三つからなる（Rychen & Salganik, 2003/立田 監訳，2006）。それゆえこれ以後，日本においても「活用」型の学力や資質・能力が強調され，学習指導要領の内容にも影響を及ぼした。

このような時代において，教育方法学はどのような役割を果たすことができるだろうか。それはひと言でいえば，学問のもつ専門性と長期にわたる見通しであると思われる。親が子を教え育てるように，教育は専門性の有無にかかわらず，誰によっても行われる。だがそれは経験に基づく行為であり，効果的な結果をもたらしたとしても，なぜそうなるかといった理由は考察されにくい。またそのような教育は，子どもあるいは学習者の現実や課題から出発している。確かに，現実に即した実践を行わなければ，子ども及び学習者にとって有益な結果をもたらさないであろう。しかし，現実にとらわれすぎて，当面の課題だけに対応しようとするのは，長い目で見れば方向を誤ることもある。見通しをもった，体系的な教育が実践においては重要である。

教育方法学は，学習指導をはじめとした教育実践を扱いながら，なぜそうなるか，どのようにすればよいかといった点について，理論的あるいは実証的に解明する学問である。それは，「カンやコツ」あるいは「臨床的」な実践の裏づけとなるものであり，同時に「どうすればよいか」についての方向性を示す。教育の現実が混迷を深めている現在，専門的な観点から道標を立てることを，教育方法学は可能にすると思われる。

11-2　教育方法学の理念

（1）人間形成と学習指導

「親学問」という言葉がある。例えば教育哲学であれば哲学，教育心理学であれば心理学，教育社会学であれば社会学が親学問にあたるだろう。それではこのように考えると，教育方法学の親学問は何であろうか。「方法学」だけでは，それがどのような学問研究をさし示すのかわからない。佐藤（1996）がいうように，「教育方法学は，教育過程において生起する実践的な問題の対象領域（授業，学習，カリキュラム，教師）によって規定された学問のジャンルであって，特定の学問分野（ディシプリン）を基盤として成立した学問ではない」ことが特色である。

また，教育方法学には広狭二つの意味がある。もっとも広義の意味は，人間形成の方法であろう。それは，教育学そのものを意味するといってもよい。この世に生を受けた子どもを，どのように成長した大人へと導き，充実した人生を送れるようにするのかを考えることは，人間を対象とする学問として根底をなす。それとともに，そのような方法を考察するためには人間の生物学的・精神的特性，理想的な生き方，社会とのかかわりといった，さまざまな観点からの検討も必要となる。

これに対して，教育方法学の狭義の意味としては，教え方や指導法といった内容があげられる。学校の授業はもちろんのこと，職場や家庭といったあらゆる場面において，教える―学ぶという行為は生じている。知識や技術をどのように身につけるか，やる気や意欲をどのように引き出すか，生活習慣やしつけの問題等，それぞれの場面に応じた指導の仕方を考えることが，狭義の教育方法学である。特に学校教育では，授業における学習指導の在り方が問われる。長谷川（1992）によれば，学習指導とは「子どもが一人ないし集団で教材に取り組んで学習するように教師が子どもを援助し指導する教育方法上の一機能」を意味する。

広狭二つの意味をもつ教育方法学であるが，両者は独立しているわけではない。ドイツ語のDidaktikを意味する語として「**教授学**」があるが，これは，教育学一般と各教科における専門的な教授方法との間に位置づけられ，教授学習過程の本質や法則性を追究する学問といえる。またヘルバルト（J.

F. Herbart) は，教授（Erziehung）による教育（Unterricht）を意味する**教育的教授**（Erziehender Unterricht）を提唱した。すなわち，教育の目的を道徳的品性の陶冶におきながら，興味に基づく思想圏の形成を目指す教授によってその目的を達成しようとする。ヘルバルトの論からは，教授が知識や技能の習得にとどまらず，強い道徳的意志や人格の形成へと結びつくことがわかる。したがって教育方法学を研究する際には，広義の人間形成と狭義の指導法との両面を常に見据える必要がある。

(2) 教授の三角形と教育方法学の目的

教育方法学の対象として，古くからいわれているのが「**教授の三角形**」（図11-1）である。それは，教師，教材，子ども（学習者）の三者からなる。教師は，授業者として子どもと向き合う存在であり，どのように接するか，説明するか，動機づけるかといった点を検討することは，教育方法学の中心テーマとなる。教材は，教育内容を習得するうえでの媒介であり，学問的特徴や教育的価値をふまえてそれらをどのようにとりあげるか，さらには視聴覚機器をはじめとした教具の在り方についても検討される。子ども（学習者）は，いうまでもなく学習の主体であり，発達段階，興味や関心，認知様式等について，集団及び個々人の特性と実態を理解しなければならない。

また「教授の三角形」である以上，それらは点だけでなく辺及び面として，すなわち二者および三者の関係としてとらえられる。具体的には，教師－教材間は教材研究として，カリキュラムと関連させながら内容及び配列について，また毎時間の授業においてそれらをどのように提示するかといった点についても考えることになる。教師－子ども間は教授（指導）研究とし

図11-1 教授の三角形

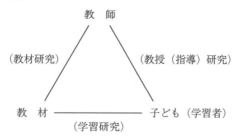

て，子どもの発達段階や興味の実態をふまえた指導の在り方とともに，その前提としての教育的関係についても究明される。教材 - 子ども間は学習研究として，学習者が教材に取り組む過程や理解の仕方が課題となる。さらに，三者のダイナミックな関係をふまえて，一時間の授業はもとより単元あるいはカリキュラムを開発することも，教育方法学には求められる。

以上のように，教育方法学では子ども及び社会のあるべき姿を描きつつ，教育の現実から出発した授業等の場において，教師，教材，子どもの関係をふまえながら，その本質や在り方を具体的に解明することを目的とする。ただしそこで目指されるのは，子どもの幸福であり，全面的な発達でなければならない。能率的な方法で子どもの負担を軽減するだけでなく，時には子どもが自ら試行錯誤したり，苦労や我慢を経験したりすることも人間の成長には必要である。また，合理的な方法で高度な知識や技術を習得したとしても，それが本人あるいは社会において有益に活用されなければ意味をなさない。それゆえ教育方法学においては，教育的な見地から，望ましい実践の在り方を解明し体系化することが求められる。

11 - 3　教育方法学研究の意義と課題

（1）教育方法学研究の意義

教育方法学を研究することは，どのような意義があるだろうか。ここではそれを，3点にまとめてみたい。

第一は，教育の科学化という点である。教育は人間によって行われる営みであり，そこでの事象を分析し，効果を客観的に検証することは難しい。しかしながら，科学の発展に伴って，教育学においても望ましい，あるべき姿を追究するだけでなく，実験的あるいは実証的な研究が進められるようになった。特に教育方法学においては，授業という教師 - 子どもによる動的な学び合いを対象にするので，それを分析することは不可欠である。したがって教育方法学の研究は，教育を科学として位置づけるという点で意義を有している。

第二は，学校や授業の改善に寄与するという点である。よりよい姿を目指して改善するためには，どのような取り組みが効果をもたらすかについての

検証を常に行う必要がある。教育方法学の研究によって，授業の一般的あるいは個別的な特性を明らかにしたうえで，その在り方に関する原理や実践を見いだすことは，児童・生徒の学力や人間形成にとって有益である。またそれは，授業だけにとどまらず，カリキュラムや教員組織，教室を取り巻く環境といった学校全体へと影響を及ぼす場合もある。そのような教育及び授業の在り方を考える機会となることも，教育方法学を研究する意義である。

　第三は，教師教育および教員養成という点である。授業や学校の改善は，時と場合によってそのつど異なるが，そこで見いだされた原理や実践は，別の機会においても利用される。またそれが一般化されれば，他の教師や学校の授業においても用いられるはずであり，教育の水準は向上する。さらには初任教師，あるいは教師を目指す学生に対する教員養成の場において，教育方法学研究の知見が取り入れられることによって，一教師の実践が普遍化する場合もある。このように，教育方法学の研究によって，科学と実践とを結びつけ，その成果がさらに優れた実践につながるという循環的な構造が生み出されている。

（2）研究課題

　それでは，教育方法学を研究するにあたって，具体的にはどのような課題があげられるだろうか。これまで述べたように，教育方法学は広狭両面の意味をもつが，ここでは次章以降の内容とも関連させながら，授業を中心として四つに分けて考えてみる。

　第一は，学習指導の原理や形態，さらには学習者である子どもに関する研究である。学習指導の原理においては，心理学の知見を援用しながら，学ぶということの意味やメカニズムについて考えるとともに，それをどのように指導するかを検討する。例えば，直観による学習や，動機づけの方法等がこれにあたる。また，個性を生かす，集団での学び，学習スタイルといったことにかかわって，学習の形態，すなわち個別あるいは習熟度別学習，班活動，作業や話し合いといった点についても課題となる。さらには，学習者である子どもの実態や発達特性について，一般的あるいは個々の子どもに即して考察することも研究においては必要である。

　第二は，教材，教具，メディアに関する研究である。教材の概念は多岐に

わたるが，カリキュラム研究とも関連しながら，教師が教えたい内容をどのように選択，編成するかを考えることが課題となる。それとともに，授業においてそれらをいかに子どもの学習にふさわしい形で示すかということが，教材及び教具の研究である。特に，情報化社会といわれる今日，コンピュータをはじめとする情報機器や視聴覚機器をいかに活用するかについては，教育工学やICT教育とよばれる一つの研究分野をなしている。そこでは，学習環境としての機器，子どもがコンピュータ操作等のスキルを習得すべき対象としての機器，さらには教育内容の理解を助けるコミュニケーション手段としての機器等，その役割に応じた研究が進められている。

　第三は，学習指導の過程及び授業づくりに関する研究である。教授の三角形をふまえながら，導入，展開，まとめの各段階における指導の特質や，授業と単元との関連等について検討することが，学習指導過程の研究にあたる。この中には，発問の仕方，板書の書き方，ノートやプリントの活用といった指導技術も含まれる。さらに，具体的な教材に即して，1時間あるいは単元の授業を構想することが，授業づくりにあたる。そこでは，学習指導案の構成要素に沿った授業展開はもとより，例えば子どもの調べ学習を重視した授業，討論中心の授業といったように，旧来の様式にとらわれない，特色ある授業を構想することも課題となる。

　第四は，**授業分析**及び**教育評価**に関する研究である。授業分析とは，授業を観察・記録して，教師の指導や児童・生徒の活動等について特徴を分析する研究である。それは，通常の授業を観察しながら特徴を帰納的に導き出す場合と，特定のねらいに即した授業を開発して，その効果があったかを検証しようとする場合がある。また教育評価においては，子どもの学びの成果をどのように評価すべきかを考えながら，その実態を明らかにすることが課題となる。そこでは同時に，何を評価するかという教育目標の問題や，学力形成という際の学力やリテラシーの概念及びその構造についても検討される。

11-4　教育方法学における研究方法

　上記のような教育方法学の研究課題を究明するために，どのように迫っていくかという，教育方法学における研究方法について考えることも必要であ

る。これは，他の分野の研究においても共通する部分があるが，おおむね，理論的研究，実践的研究，量的研究，質的研究の四つの方法があげられる。

(1) 理論的研究と実践的研究

理論的研究とは，教育学さらには他分野の研究成果を利用しながら，人間形成や指導法に関して，あるべき姿やモデルを構築する方法である。特に教育においては，あるべき姿と現実とが必ずしも一致しないという点に留意すべきである。例えば体罰は，子どもの人権をないがしろにして，精神的にも傷を負わせるという理由で行われてはならない。しかしながら，当面の問題行動をやめさせるとともに，体罰を受け入れる子どもや親もいるという意味で効果的と誤解されるために，学校現場において体罰がなくならないという現実がある。子どもの実態に合わせて対応することが，理想的な方法になるとは限らない。理論的研究によってあるべき姿を追究し，それを実態と照らし合わせて初めて，なすべき方法が導き出されるのである。

実践的研究とは，上記のあるべき姿やモデルに即して，教材や単元及び授業を開発，設計したり，特定の条件を設定してその効果を検証したりする方法である。もちろん，毎日の授業や子育てのように，日々あらゆる場所で行われる取り組みも実践には違いない。それゆえ実践的研究という場合には，研究的側面，すなわち何らかの意図をもって目的を設定したうえで一定の手続きに沿った実践を行うこと，あるいは条件を統制せずに特徴や原理を導き出すことが重視される。ただし，そのような実践的研究においては子どもの成長に悪影響を及ぼすことはできないし，やり直しがきかないことに留意すべきである。このことは，実験室という純粋な環境ではない点，さらには人間を対象としているという点で，他の分野と比べて教育方法学における実践的研究の独自性を表している。

(2) 量的研究と質的研究

上記二つの研究方法に対して，量的研究と質的研究は，研究対象や成果の分析に主眼をおく。このうち量的研究においては，コードやカテゴリーを用いて符号化，分類し，その出現度合いを数量化して分析するといった方法がとられる。例えば数量的な授業分析として，**フランダース**（N. A. Flanders,

1970) による方法が有名である。そこでは，授業の逐語記録を3秒ごとに区切り1単位として，それを話者及び行為に応じてあらかじめ設定された10のカテゴリーのいずれかに分類するとともに，その出現率を算出しながら授業の特徴を見いだしている。また，子どもの実態や内面を明らかにするための方法として質問紙調査がある。量的な質問紙調査においては，5件法のように選択肢で問いかけ，回答は統計的に処理し，有意差や相関関係，因子分析等が行われる。さらにはテスト問題の作成，採点，傾向分析といった一連の手続きをふまえた国内外における学力調査も，量的研究に含まれる。

　このような量的研究とは対照的に，質的研究は事例に則して内容面を中心に分析していく方法である。質的研究は量的研究の限界を補完する方法として，注目されている。例えば，子どもの遊んでいる姿の描写や授業内容の意味分析等，数量化や処理が困難な場合がこれにあたる。また，研究が盛んになるにつれて，質的研究の方法も，秋田ら（2005）が紹介するように，人々の文化を描く**エスノグラフィー**，生活史に密着した**ライフヒストリー**，個々人の語りを分析する**ナラティブ・アプローチ**，集団での相互作用を対象とする**ディスコース分析**，現象に焦点をおく**現象学的分析**，理論を生成する**グラウンデッド・セオリー**など，多様化している。これらのいずれにおいても，研究者自身が教室内で授業にともに参加したり，自由記述に基づく分析を行ったりする等，質を重視するという点が特徴である。ただしそこでの質は，何らかの形で客観性が保たれる必要があり，研究者の必要以上の判断や価値づけによって，結論がゆがめられてはならない。

　以上四つの研究方法は，独立しているわけではなく，相互に関係している。理論と実践が結びつくのはいうまでもないし，その実践を分析することで，新しいあるべき姿が生まれる。また，授業分析や質問紙調査にも量的及び質的両方の方法があり，両者を併用することも考えられる。そして，これらの研究方法を駆使しながら科学的知見を積み重ねることによって，授業及び学校の改善や教師教育に寄与することが，教育方法学には求められている。

[樋口直宏]

【引用・参考文献】

秋田喜代美・恒吉僚子・佐藤学 編 『教育研究のメソドロジー:学校参加型マインドへのいざない』 東京大学出版会 2005

Flanders, N. A., *Analyzing Teaching Behavior*. Addison-Wesley, 1970

長谷川栄 「学習指導の意義と目標」 長谷川栄・佐々木俊介 編 『教育の方法と技術:実践的指導力の基礎を培う』 協同出版 1992

国立教育政策研究所 編 『生きるための知識と技能:OECD生徒の学習到達度調査 (PISA) 2000年調査国際結果報告書』 ぎょうせい 2002

Rychen, D. S., & Salganik, L. H., 2003／立田慶裕 監訳 『キー・コンピテンシー:国際標準の学力をめざして』 明石書店 2006

佐藤学 『教育方法学』 岩波書店 1996

第12章

教材とその研究

12-1 教材概念の再考

「教材」とは，一般的には，教育目標に照らして，その手段として再構成された文化財やそれを効果的に具体化するモノであると考えられることが多い。この背景には伝統的な「教育課程」の観念がある。すなわち，授業に先立って，あらかじめ目的・目標が決定され，そのためにもっとも効果的な文化的材料から教材が構成されており，子どもの学習活動が設計されているという「教育課程」観である。デューイ（J. Dewey）はこれに対して批判的な立場から次のように述べている。

> 伝統的な教育計画においては，教材は，学習されるべき一定量の内容を意味する。学問の様々な部門は，それだけ多くの独立した部門を意味し，それぞれ，それ自体の内部で完全な配列原理をもっている。歴史はそのような一群の事実であり，代数はまた別の一群であり，地理はさらに別の一群である等々，こうして学科課程全体にわたって同様なのである。それは独立してすでに存在してきたのだから，精神に対するそれらの関係は，それらが精神に習得させるべく与えるものに尽きるのである。（Dewey, 1916/ 松野訳，1975, p. 215）

デューイが批判するのは，学び手の個性的な興味やそれまでの経験とは無関係に，あらかじめ教育の内容が指定されるという「教育課程」の考え方と，それに対応する「教材」の概念である。学ぶ人の「精神」とは別の次元で内容と教材が既に決定されているものと考えるのではなく，学習者が「自分にとって興味がある目的を持つ活動に従事し，しかもそれが手段としてではなくその達成自体が目的となるような活動」の中で学ぶことの重要性を，デューイは指摘している。

　「教材」という言葉はまた次のようにも使われている。学習者自身の文脈の中ではじめて学ぶべきものとして立ち上がってくると考える教材観が，ここに見られる。

> 　人間形成の過程における教材は，学校生活の場に限られて存在しているわけではない。親の生きる姿は，子どもにとって最高の生きた教材であり，兄弟喧嘩や家事の手伝いも，貴重な教材としての内容をはらんでいる。近隣の地域社会生活のうちにも，生きた教材は豊かに存在している。自然や社会現象をふくむ時代の生活全体が教材であり，その内容は，<u>一人ひとりの個性的な生き方とかかわる場所から，多様な姿をなしてたちあらわれてくる</u>。学校における教授－学習のために意図的に編成される諸教材は，これらの生きた教材を加工し再構成したモノである。生活の場において**個性的世界**をひらくキイとなるできごとやモノをすべて教材というのである。（小野，1991，p.125：下線は引用者による）

　学ぶ主体としての子どもの個性的世界において，子どもの主体的な営為として「**学び**」が立ち上がってくるととらえるとき，「教材」の概念も再考を必要とされる。教師は，教室という小さな社会で向かい合う一人ひとりの子どもたちの経験とそこでの**成長**に目を凝らし，「子どもにとって必要となってくる授業の目的は何か，またその子どもの心を惹きつけるものは何か，そして，子どもに何が価値があるのか」といった問いによって，学習内容を選択し教材を構成していくことになるのである（長谷川，2008，p.173）。

　このような「教材」とカリキュラムのとらえ方は，教育の計画性を否定しているわけではない。この学年の子どもたちならば，およそこれくらいの学

習活動ができるだろう，活動の質をこれくらいまで高めることができるだろうという，教師の側における「目論み」が不要であるといっているわけではないのである。ここで問題にしているのは，教育課程や教材を子どもの現在の経験から独立に，あらかじめ設計されたものとみることである。それでは，教師の仕事は措定された教育目標を達成する手段として教材を選択することに終わるのではないか。子どもの個性的な世界とは離れた次元で設定された匿名的な学習活動を，計画に従ってこなすという，技術的な仕事に終わってしまうのではないか。そうではなく，子どもの個性的な世界に生きて働く教材をつくるという教師の役割が重要なのである。

　そこで，次節ではまず一つの事例として，音楽科における**「教材化」**の具体的実践例をとりあげて，教材とは何をさすのか，**文化財**が教材となるときに，その教材化の仕方を決定する要因とは何であるのか，教師の役割はどのようなものであるかについて考えたい。その検討を通して，教材と生活の場とのかかわりについて考察することとする。

12−2　教材構成の視点──子どもの個性的な生活における学びをどうとらえるか

　生徒が「その文化財と豊かに出会うように」という願いをもち，教師がその教育的な内容構造を吟味しておくことは，教師が教材を研究するという決定的に重要な仕事である。

　筆者は小学校1年，4年，中学校1年，高校1年の音楽教師たちとともに，一つの楽曲をそれぞれの生徒のために「教材化」する授業研究を行ったことがある（赤津他，1988，p. 34）。ある一つの楽曲が，6歳，10歳，13歳，16歳という異なる学年の子どもたちにとってどのような教材になり得るのか。これを考えることになったきっかけは，ある研究授業における質疑であった。「この曲は5年生の教材なのに，なぜ4年生で教えるのですか？」そのように問うた教師の言葉の中には，楽曲という文化財それ自体が「教材」であるという見方，またそれは何年生向けのものであるのかがすでに決まっているという見方が，無批判に含まれていた。

　音楽科教育や文学教育の領域では，一つの作品（楽曲や小説など）をその

まま「教材」と呼びならわす，慣習的な言葉遣いがある。この場合，「教材」とはすでにできあがった作品であるので，教師の役割は，それをいかに「解釈」するかに尽きることとなる。作品を選ぶのみであるとすると，教師が子どものために教材を構成するという役割は忘れ去られがちとなる。しかし，文化財としての個々の楽曲それ自体は，どのような年齢の人に対しても開かれた存在である。それが特定の学年の子どもの「教材」であるようにみえるのは，特定の発達段階にある子どもたちがその楽曲にアプローチしやすいように，教師が教育内容や方法をアレンジしているからではないのだろうか。その子どもたちの今とこれまでを熟知している教師が，どういった文化内容にどのように出会わせることによって子どもたちに成長がもたらされるだろうという目論みをもっていることにより，文化財は特定の子どもたちにとっての「教材」という表れをとってくるのである。

　ここでは，「パッヘルベルのカノン」というよく知られた楽曲をとりあげて，各教師による「教材化」の過程を詳述することにより，素材としての楽曲とは区別される「教材」がどのようなものであるのか，またそれはどのような視点をもつことによって「教材」となるのかについて論じていくことにする。

（1）教師にとっての素材の表れの違いと教材化

　この曲を教材化するにあたり，4人の教師が話し合ってみると，それぞれの授業者たちは，同じ曲に対して異なる特徴を意識していたことがわかった。まず，高校1年生の音楽を担当した教師は，この曲の「カノン」という特徴を意識し，高校生を二つのグループに分けて，先行グループの演奏を後のグループが追いかけていくということをオルガンの鍵盤で実際に演奏することによって，「追行句が先行句を模倣する」という「カノン」の意味を体得させようとした。

　これに対し，小学校1年生を担当している教師は，この曲の冒頭のメロディーのみに光をあてて，1年生の子どもたちに初めての器楽演奏に取り組ませるための教材にしようとした。それは，この「カノン」の冒頭のメロディーが，いわゆる「階段進行」とよばれるメロディーであり，ゆっくりと音が一つずつ下がっていくシンプルな動きが，1年生にもとらえやすいと思

われたことと，ゆったりとして美しいこの曲の雰囲気に，子どもたちにも美しい音色を求める気持ちをもつだろうと考えたからである。そこで，チャイムバーという楽器を用い，ニ長調の音階にあたる，ニ，ホ，嬰ヘ，ト，イ，ロ，嬰ハ（d, e, f♯, g, a, b, c♯）の鍵盤を取り出して一組にまとめて渡すと，1年生は，背景に流されたCDの「カノン」に合わせて，主旋律の二分音符を一音一音大切に弾いていった。一人ひとりの子どもたちが順に，小学校入学以来初めて経験する楽器演奏を楽しみ，ゆっくりした曲のテンポに合わせて弾く難しさと，美しい音色をもつ楽器を弾く楽しさを経験していた（授業後にはこの楽曲に歌詞はないのかと教師にねだり，歌っていたことから，この曲に愛着をもったことがうかがえた）。

　小学校4年の授業者は，子ども自身がこの曲の中のいろいろな旋律を組み合わせてみる活動をさせたいと考えた。それは，複数のメロディーが重なった時に生まれるハーモニーを感じ取って欲しいと願ったからである。そのため，子どもたちがリコーダーで吹きながらいろいろな組み合わせを試すことができるように，この曲の前半に含まれる複数のメロディーを取り出して，バラバラに記譜することで，メロディーを自由に組み合わせることができるような教材とした。その発想の基礎になっているのは，複数の旋律が組み合わさったときにそこに和声が生まれているという，バロック音楽の様式にそった曲のとらえ方である。

　これとは対照的に，中学1年の授業者にとっては，この曲が一つの和声進行（コード進行のパターン）を何度も繰り返しながら，その和音に合うメロディーが複数つくられているというパッサカリア形式の特徴が意識されていた。そこで，その和声進行に合うもう一つのオリジナルなメロディーを，それぞれの生徒が自分で作曲できることをめざして，和声進行がわかりやすいように伴奏音を手直ししたワークシートによる教材としたのである。

（2）素材の表れの違いと子ども

　このように同じ曲を聴いていても，その特徴のとらえ方が違うのは，単にこの楽曲が多面的な特徴を有している芸術作品であるというだけではなく，各授業者が日々向かい合い熟知しているそれぞれの生徒たちの現在の音楽的な力や，音楽の聴き方の違いがあるからにほかならない。それぞれの教師に

とって，この音楽作品の特徴は，それを聞く子どもたちのレディネスに応じて表れていることが見て取れる。教師たちは，あたかも自分の前にいる子どもたちの耳を通してこの曲を聴くかのように，素材の特徴をとらえているということができるのである。

それぞれの生徒の今を知る教師が，彼らにとって，その文化的素材がどのように立ち表れ，そこにどのような援助が求められてくるのかを見極めることを基盤として，素材からさまざまな可能性を引き出し，子どもの学びを促す形に手を加える，そうしたプロセスの全体が，「教材化」ないし「**教材構成**」という教師の営みであるということができる（桂，2004）。

12-3　教材を研究し構成する教師の役割

教材構成というとき，その素材となる文化内容の多面的な価値から，さまざまな教材化が可能である。しかし，教材が多様な姿をとる理由は，それ以上に学ぶ主体の側の経験の多様性である。

先の事例において，教師たちが，一つの同じ素材に向き合った最初から，すでにその聴かれ方が異なるものであったということは，言葉を換えれば，日々ともに過ごしている子どもたちの耳を仮想的に通過することによって，教師が子どもたちの多様な経験に即してその文化財の魅力を感じ，心を動かして意味を汲み取っているということにほかならない。ここに「子どもたちの個性的な生活次元で文化財をとらえ教材化する」という教師の姿の一例がある。

それと同時に，教師は，子どもの1年間のカリキュラムの中における，この特定の学習活動の意味がわかっているはずである。子どもたちのすでにもっている知識や技能とのかかわりで，これがどのような新しい世界を拓く活動になるのかということがわかっているのである。

教材を研究し，子どもにとっての具体的な教材として構成していく教師の役割を整理してみると，第一に，子どもたちの個性的な生活の次元で文化財をとらえる，ということがある。第二に，子どもに，そこからさらに何を学び取ってほしいかという願いをもつことが，子どもの生活と，文化体系の両者を視野に入れて初めて可能になる。第三に，この学びの意味を，教育課程

全体の中に位置づけて明確にするという，カリキュラム構成の側面がある。
　デューイは，子どもの経験と教材とを何か別々のもののように考える点に問題があると指摘し，「子どもの経験と，カリキュラムを構成するさまざまな教材との間の違い」は，「種類の違いではなく程度の違い」にすぎないとして，次のように述べている。

　　　教材をそれ自体何か固定されたもののように考え，子どもの経験の外側にあるかのように考えることをやめてみよう。子どもの経験をもまたなにかしら硬く固定されたものであるかのように考えることをやめ，それを何か流動的で，胎芽的で，生きたものとして見てみよう。そうすれば私たちは，子どもとカリキュラムが，一つのプロセスを定義する二つの項であることを認識できるであろう。ちょうど二点が一本の直線を定義するように，子どもが現在立っている点と教科を構成する事実や真実とが教育を定義するのである。教育とは子どもの現在の経験から，教材と呼ばれる組織された一連の真実に代表されるところへ向かって行く絶えざる再構成なのである。（Dewey, 1956/ 市村訳，1998, p. 273）

　子どもに目を開かせたい本質的な内容は，単に文化内容についての知識からもたらされるのではなく，子どもの経験と大人の文化の双方を視野に入れて初めて決定されること，またその本質的な内容と対応する教材は，子どもの経験の中に統合され再構成される個別具体的な内容としてとらえるときにもたらされるということがいえる。
　また，授業者の意図したことを越えて子どもの学びが展開する可能性を常に念頭におくことによって，教材は，子どもの活動や意図に対して開かれていなくてはならない。1年生では，4年生では，というように，教育課程内容と目標をあらかじめ設計し，その教育目標に照らして文化財を加工するというだけでは，子どもの個性的な世界において教材をとらえているとはいえない。また，先にあげた事例では，学級単位の授業の次元でしか論じることができなかったが，同じ学級の授業の中でもよりミクロにみれば，個々の子どもによって教材の表れは異なっており，そのさまざまな表れと個々の子どもの個性的な関心が相互にかかわり合うことによって，結果として一つのク

ラスの授業のための教材化が成り立っていることを，教師は考えなくてはならないのである。

12-4　教科内容と教材，教具の区別と，「主たる教材」としての教科書

　教材は，狭義には「教科書に編成された教育内容を，教室という具体の場で教師が子どもに直面させ学習にとりくませる具体的なものとして，教師が再編成するもの」（井上，1976，p. 9）とされる。また，「教材は**教科内容**を具体化したもの」であり「授業のなかで教師と子どもによる学習活動（知覚・思考・記憶・運動など）の直接の対象となるものである」（柴田，1981，p. 141）という定義がなされる。教具は一般に，教材を媒介として遂行される授業において道具的な機能を果たすものとして，教材とは区別される。しかし，具体的な道具であっても，その道具自体が特定の内容を媒介するようにつくられていて，教材の機能を担う場合もあり，それが用いられる文脈を無視して一義的に教材か教具か区別できない場合がある。例えば，板上に等間隔に打たれた釘にゴム紐をかけてさまざまな図形をつくり，辺の長さや面積などを検討する教具（キズネールの教具）は，それ自体教材として，数学的な概念を子どもに媒介する存在でもある。

　教科書は，戦前の教育においては，教師が教えるべき「教科内容」が書かれたものであり，授業の内容と教科書の内容の一致が理想と考えられていた。半世紀にもわたる長い国定教科書の歴史の中で，教科書の絶対視が生まれ，教科書と教科内容（教育内容）の区別ができなかったということができよう（柴田，2002，p. 106）。しかし，戦後においては，「教科書を教える」のか「教科書で教える」のか，という議論がなされ，教科書の内容は，教師が教えるべき教科内容そのものではなく，教科内容を生徒が学ぶ際に直接接する教材の一つ，「**主たる教材**」であると考えられるようになった。また教科書を教材の一つと考えることから，教科書以外の教師自身の手づくりの教材，自主教材作成の意義が意識されるようになってきたのである。

［桂　直美］

【引用・参考文献】

赤津裕子・伊藤安浩・桂直美・三小田美稲子・谷本直美・浜田真由美「同一楽曲における多学年に応じた教材化の試み」，日本音楽教育学会『音楽教育学（別冊）　第3回音楽教育ゼミナールのまとめ』　1988

Dewey, J., 1916／松野安男 訳　『民主主義と教育（上）』（岩波文庫）　岩波書店　1975

Dewey, J., 1900／市村尚久 訳　『学校と社会・子どもとカリキュラム』（講談社学術文庫）　1998

長谷川榮　『教育方法学』　協同出版　2008

井上弘　『教材の構造化』　明治図書　1976

桂直美　「音楽科教育における『教材』とは」『CD－ROM版音楽科教育実践講座』SERENO Vol. 9：児童生徒が生き生きと活動する「授業改善の工夫／授業に役立つ話」　ニチブン　2004

小野慶太郎　『個性をはぐくむ教育課程編成の視点』　東洋館出版社　1991

柴田義松　『教科教育論』（教育学大全集31）　第一法規　1981

柴田義松　『教育課程：カリキュラム入門』（有斐閣コンパクト）　有斐閣　2000

第13章

学習指導の原理

13-1 学習指導原理探究の歴史

(1) コメニウスにおける教授学の成立

　学習指導原理（教授原理）探究の歴史は，コメニウス（J. A. Comenius）をもって嚆矢とみなすことができる。三十年戦争の動乱の中で，亡命と流浪に終始する生涯を送ったコメニウスは，現世改善のために，より具体的にいえば，祖国の独立，民族の解放，同胞教団の復活等の可能性を信じて，そのための積極的な努力を決意し，ギムナジウムの教師をしながら，教育による教会と世界の平和の実現という政治的課題の解決を志向しつつ，著述活動に専念した。その過程でコメニウスは，子どもとその教育可能性への着目と伝統的な共同体秩序が，それ自体ではもはや次世代に対して生活様式を提示しえなくなった現状をふまえて，教育による人間の再形成への関心をよりいっそう強く喚起されるようになる。コメニウスは，教育による普遍的知識の普及を強く希求し，やがて彼の第一義的な学的関心は，必然的に普遍妥当的な教授技術の問題へと収束していく。そしてコメニウスは，子どもや青少年を組織的に，また効果的に教育することが必須であるとして，システマティックな学校教育の整備と人間の「自然」，すなわち発達の筋道に合致した合理

的な教育方法の確立を目指した研究を進め，その歩みが，主著『大教授学』として結実するのである。

　この著作は，1632年にチェコ語版として，続いて1639年にラテン語版として完成していたものの，従来未刊のままであった『教授学』が，1657年になってはじめて，『大教授学』というタイトルで『コメニウス教授学全集』に収められて，ようやく刊行されたという経緯をもっている。『大教授学』は，長大な序論と全編33章とから構成されているが，実質的な本論部分は，31章までであると考えてよい。それは，最初に教育の目的と内容を論じ（1〜6章），次に学校教育の必要性（7〜10章），そしてその学校の不完全極まる現場の批判とその改革の可能性を論じ（11〜12章），それからいよいよ新しい教授技術の確立の必要性とその一般原理を述べ（13〜19章），さらに進んで科学・技術・言語分野の特殊技術について論じ（20〜26章），最後に学校制度論と各級学校の組織管理論が取り扱われる（27〜31章）という大筋になっている。その開巻タイトルページには，「あらゆる人に　あらゆる事柄を教授する　普遍的な技法を　提示する　大教授学」とあり，この著作の執筆意図が，万人就学の普通教育制度の確立とそこで教えられるべき新しい教育内容及びそこで用いられるべき科学的な教育方法の提示にあることを明らかにしている。

（2）ルソーとペスタロッチにおける合自然の教育学

　1762年に教養小説という体裁で著されたルソー（J-J. Rousseau）の教育論『エミール』は，エミールが誕生してからソフィーと結婚するまでの教育の過程を描いており，全5編によって構成されている。各編の主題は，第1編が純粋に感覚の段階にある子どもの心身の自由な活動の確保，第2編が感官の訓練としっかりとした感覚を基礎とした感覚的理性の形成，第3編が感覚的理性を基礎とした知的理性の形成の準備，第4編が他者との道徳的関係や友情を通じた知的理性の形成，第5編が恋愛や同胞との公民的関係を通じた知的理性の形成である。その展開は，子どもの知的発達段階の推移に対応している。第1編は感覚の段階を，第2編は感覚の段階から感覚的理性の段階への移行を，第3編は感覚的理性の段階の完成を，第4編と第5編は感覚的理性の段階から知的理性の段階への移行を取り扱っており，

各々の発達段階の充実が，次の段階のもっとも確かな準備になるという立場が貫かれている。

ルソーは，危機的な時代状況の中で，迫りくる革命を予感しながら『エミール』を書き，それによって後世の人々から，「子どもの発見者」とよばれるようになる。だが近代教育史上一つのエポックをなすとされる「子どもの発見」も，実は16世紀以降ブルジョア家族の中でしだいに芽生えてきた家族感情と教育関心の所産であって，特定の思想家の発見に帰せられるような現象ではない。むしろ『エミール』の意義は，ルソーが，子どもの発達という自然の目標を絶対的な基準として，いかなる教育方法もそれに合致させられなければならないと主張したことに求められる。「万物をつくる者の手をはなれるときすべてはよいものであるが，人間の手にうつるとすべてが悪くなる」という有名な冒頭の言葉から明らかなように，『エミール』においてルソーは，人間の自然的本性を善とみなし，既存の社会制度によって，それが悪へと変質させられることを防ぐ教育，すなわち積極的に外在的価値を注入する一般の教育と対置させて，彼が「消極教育」とよぶ合自然的な教育方法原理を提示しているのである。またこれは，子どもの自然的本性の科学的解明と子どもの自由な活動，興味，自発性等の尊重の原理であると同時に，既存の社会秩序から子どもを完全に隔離し，人為的な教育環境の中におくべきであるとする，子どもの封じ込めの原理であるとも解釈されうる。

こうしたルソーの影響を強く受けた**ペスタロッチ**（J. H. Pestalozzi）は，『隠者の夕暮』（1780年），『リーンハルトとゲルトルート』（1781-87年），『シュタンツ便り』（1799年）等に結実したノイホーフやシュタンツでの苦しい教育経験を経て，諸思想を「居間」ではなく学校での教育という観点から統合したうえで，貧民の子どもたちに対する教育の可能性を「直観」の原理と「**直観教授**」の方法に見いだし，ここに自身の教育学の中心的な基礎づけを得ることになる。かつてコメニウスが，直観から概念への道を人間のもつ理性的能力を前提にして楽観的に説いていたのに対して，理性どころか感性をさえもすり減らした子どもたちの教育のためには，直観を選択し，順序づける技術，すなわち数・形・語（「直観のABC」）を基礎とする教授法である「メトーデ」が必要であるとペスタロッチは考えた。そうした思索と試みは，ブルクドルフの学校で確かめられ，『ゲルトルートはいかにその子を

教えるか』（1801年）となって結実する。

　ペスタロッチが教育学にもたらした最重要事項の一つは，教授法の革新である。ペスタロッチにとって教授法とは，子どもの内的諸力の発達をさし示す自然に対して，それを援助するために介入する技術と考えられている。そして曖昧な直観から明晰な概念へと高まる認識の普遍的法則に教授形式を従わせるという直観教授の原理が，教育内容を基礎的段階から一歩ずつ連続的な発展として構成する近代的な授業編成に理論的根拠を与えたのである。

（3）ヘルバルトにおけるアカデミズムの教育学

　ヘルバルト（J. F. Herbart）は，教育学の理論的反省によって，その学的基礎づけを試み，目的論及び方法論の全体的視野において体系的な教育学と教授理論を構築した。ヘルバルトの学説は，例えば「**教授段階**」や「**教育的教授**」等によって代表される。このうち教授段階説についていえば，ヘルバルトは，子どもが認識に至る段階を「専心」と「致思」に区別した。さらにこの各々を「静的専心（明瞭）－動的専心（連合）－静的致思（系統）－動的致思（方法）」の4段階として示した。しかしこの4段階は，例えばライン（W. Rein）によって，いわば教師の教材提示の時間的順序として，「予備－提示－比較－概括－応用」の5段階に変形され，形式的な教授段階説として教育現場に適用されていったのである。

　ヘルバルトの教育学的主著は，『一般教育学』（1806年）である。『一般教育学』においてヘルバルトは，教育学の実践的科学としての在り方を最初に提起したのであり，同書は，科学としての教育学の成立の書として定評がある。そのためヘルバルトは，教育学を実践的科学として最初に基礎づけた人物であるといわれる。それは，哲学を人間の教育可能性を軸に再構成する試みであり，そのために教育学は，教育の目的を考察するだけではなく，その実現にあたっての方法的手続きを示さなければならないとされる。それゆえにヘルバルトの教育学体系は，それ自体で自己完結するものではなく，教育目的を考察する倫理学と子どもの発達及び教育方法に関する知見を与える心理学とから構成されることになる。

　ヘルバルトにおいて教育の目的は，道徳的・美的判断力とその前提となる「多方興味」の陶冶（一般陶冶）であり，そのための方法としては「教授」

が，さらにそれを支えるものとしては「管理」と「訓育」の二つが考えられていた。さらにヘルバルト教育学は，教育の目的と手段の間の統一的な関連づけを図るだけではなく，教師のための教育技術を媒介にして，理論と実践の統合を目指していた。そして実践に対して開かれた学問という構想は，ヘルバルトに，哲学や科学にみられるような完全な体系としての統一性を教育学に求めることを断念させ，むしろそれに固有な視点の確立に向かわせたのである。

（4）デューイにおける子ども中心の教育学

　ヘルバルトとヘルバルト派の教育学は，19世紀後半における国民教育の構築と学校教育の制度化を促進する最大の推進力となった。しかし20世紀に入るとその画一性と硬直性を批判され，新教育運動とよばれる世界的な学校教育改革運動が，教育方法の革新を中心的な課題として展開されることになる。デューイ（J. Dewey）は，ヘーゲル哲学から出発しながらも，後にプラグマティズムを大成した哲学者であり，進歩主義とよばれるアメリカ新教育運動の中で，もっとも影響力のある理論的指導者であった。

　デューイは，ジェームズ（W. James）やミード（G. H. Mead）の影響を受けることによって，観念の正しさは，それを現実的・実際的状況の中で用いて生じた結果によって検証されるべきものであるという道具主義，実験主義の着想を得る。そしてデューイは，1894年に新設まもないシカゴ大学の教授となり，1896年からは，自らの教育学理論を検証する実験学校として，大学附属のデューイ・スクールを開設する。その実践報告『学校と社会』（1899年）には，学校教育は，そのカリキュラムに「仕事（オキュペーション）」を取り入れることによって，家庭や社会における子どもの日常生活を中心に組織し直されなければならないという主張（生活準備説批判と「なすことによって学ぶ」の立場）と，学校は社会進歩の担い手であるべきだという年来の主張とが交錯している。教育における「コペルニクス的転回」を宣言した同書は，アメリカのみならず，全世界に大きな影響を与えた。

　『民主主義と教育』（1916年）は，デューイの教育学的主著とでもいうべきものである。それは，全26章によって構成されており，最初に社会生活と学校教育との関連について論じ（1～3章），次に教育の在り方（4～6

章），さらに民主的な社会生活と教育の目的について論じ（7〜9章），それから教育の方法（10〜23章）について述べ，最後に教育の基底における哲学的な問題が取り扱われる（24〜26章）という大筋になっている。その中でデューイは，「教育とは，経験の意味を増加させ，その後の経験の進路を方向づける能力を高めるように経験を改造ないし再組織することである」と定義する。主体と環境との間に行われる経験を軸にして，経験の再構成が教育であるとみなしている。教授理論としての基本は，「経験から学ぶ」という考え方にある。そして経験から学ぶ際に働くのが，実験的・科学的方法としての「反省的思考」である。「暗示－知性化（問題の整理）－仮説－推理－検証」と進行する反省的思考の五つの局面は，問題解決学習の段階として定式化されている。ここでは情報は，それ自体としては意味がなく，問題解決に生きることによって初めて知識となると考えられている。

ところで，デューイの教授理論に対しては，本質主義やブルーナー（J. S. Bruner）が主導した「教育内容の現代化」の立場から厳しい批判が浴びせられることになる。両者の対立は，経験主義か，あるいは系統主義か，教育課程において生活と科学のどちらを重視するかという論争を内外で引き起こした。

13−2　代表的な学習指導原理

（1）直観の原理と具体性の原理

直観の原理は，学習対象の具体的な事物・事象・現象の観察による感覚的な印象（イメージ）を端緒とし，しかもその段階にとどまることなく思考活動と結合させ，結果として，対象の本質にかかわる深い認識を成立させていく重要な教育方法の原理としての意味をもっている。この原理を主張する代表的な教育思想家としては，コメニウスとペスタロッチをあげることができる。彼らは，言辞をドグマ的に暗記・暗唱させる注入的な教授に疑問を呈し，そこからの脱却を目指して，感覚と認識を結合させていく「事物教授」を提唱した。コメニウスの『世界図絵』（1658年）は，事物や事象等を描画をもって視覚に訴え，認識をより実感のあるものにした世界最初の絵入り教科書として知られている。『世界図絵』は，一定の順序に教材が配列・組織

され，さらに視覚表象と結合されることによって，近代的教科書の原型となったものである（視聴覚化の原理の起源）。またペスタロッチは，人間の自己発展・自己活動を重視し，その方法論的な基底として直観をとらえ，直観から概念へという認識の形式を教授の原理とした。ペスタロッチは，例えば『ゲルトルートはいかにその子を教えるか』において，直観は生命活動の直接の表現であり，またあらゆる認識の基礎であるから，教授はすべて直観を原理として行われなければならないと主張している。

　この原理は，日本には明治期にアメリカから「庶物指教」として導入された。後に東京高等師範学校附属小学校では，直観教授を課していくための「直観科」が設置されている。また広い意味で，コメニウスからペスタロッチへと受け継がれてきた感覚論教育思想の系譜は，直観認識を子どもの経験や活動の基礎として重視するとともに，学習対象に対応した経験や活動を重視するがゆえに，新教育運動を支える教授・学習理論の中に受け入れられてきた。それは，デューイの実験的経験主義にも投影されている。デューイは，問題解決能力の形成過程そのものの重要性を主張している。

　直観の原理は，唯言語主義や公式主義による知識詰め込みの授業からの脱却を求める。学習者に生き生きとしたイメージを形成し，より深く意味づけられた知識・認識・概念を形成していくことの重要性は，いつの時代でも認められるべきものである。通常の学習指導場面に即していえば，対象を徹底的に観察し抜いて，本質や全体を追究することが大切である。ただし具体的・個別的・特殊的な次元から抽象的・全体的・一般的な次元へという帰納法にだけ従うことは，決して望ましいことではない。伝統的かつ一般的な図式によれば，偶然的・個別的特徴は，対象を比較し，分析する活動を通して洗い流され，繰り返し現れる類似する特徴は強化されて，一般的表象が形成される。このとき具体と抽象，個別と全体，特殊と一般は，完全に対立しており，終点としての一般的・抽象的知識への移行は，具体性の喪失を意味する。しかしこのような知識は，諸事物を分類し，体系化することの基礎とはなるが，経験的・生活的概念であって，科学的概念ではない。科学は，事物の外面的特徴に基づく分類にとどまらず，その内面的本性・本質の解明を目指す。またその本質把握に基づいて，事物が引き起こす現象の変化や運動の説明をも可能にする全体的・総合的認識を目指す。すなわち科学的・理論的

思考は，現象から本質へと迫るだけでなく，本質から現象を全体的に説明する具体的認識へと進むところに，その特質がある。**具体性の原理**とは，このような意味で直観の原理の弱点を克服し，両次元間での思考の活発な往還を意図したものであると考えることができる。

（2）自発性・自己活動の原理と内発的動機づけの理論

　教育実践において子どもの自発性を尊重することの重要性は，すでに一般的に認められている。子どもの自発的な学習を無視した一方的な知識の伝達は，もはや批判の対象でしかない。しかし近代の学校教育は，知識や文化を大人が子どもに伝達し，行動を統制することを主要な目的の一つとしており，その点では，子どもの受動性を前提にしていることも明白である。子どもの受動性を前提にして成立した学校教育の中で，どのようにして子どもの自発性を尊重するかは，教育方法上の重要な課題として引き継がれてきたのである。自発性の原理は，こうした矛盾した要求を解決しようとする方法原理である。ここでいう自発性とは，集団や他人等の外部から教唆され，また影響されるのではなく，自己自身の内部に根拠・動機を有する行動特性である。自発性は，しばしば自主性や自律性と同じ意味合いで使われることがある。しかし自主性や自律性が，集団や他人等の外部的制御及び自己の欲望や利害得失等から脱却した，自己規律に基づく倫理的傾向をさすのに対して，自発性は，それ以前の内部的にわき起こる行動意欲や行動への動機づけをさしている。その意味では自発性は，内発的な行動をさす自己活動の概念に近い。

　自発性の原理をもっとも早い時期に説いたのは，やはりコメニウスである。コメニウスは，子どもにとって知識の探究は自然なものであり，だから強力な手段や罰則を用いて，学習を強制してはならないと説いた。コメニウスは，学習が年齢と理解力の発達に相応して進むべきこと（相応性の原理），知識教授が基礎的なものから，一定の順序に従って一歩ずつ行われなければならないこと（順次性の原理）を合わせて主張した。また**ロック**（J. Locke）は，子どもに古典語の知識や道徳的説教を一方的に与えることに反対し，興味や好奇心等，子どもに潜む自然な要求に従う必要性を説き，子どもの諸活動を通して，社会生活に必要な知識や道徳的規律を習得させる教育

方法を提示した。しかし子どもの精神を「白紙（タブラ・ラサ）」とみなす経験論の立場では，子どもの自発性を理論的に基礎づけるうえでの限界があった。

　ルソーは，自発性の問題を学習理論の基礎として深化させた。『エミール』の中でルソーは，生徒エミールをモデルにして，既成の文化や社会制度の枠組みに抑圧されない人為的な教育空間をつくり出し，そこで子どもは，自らの内発的な欲求や五感の力（直観）に基づいて生き生きと行動し，事物の操作能力ばかりでなく，他者との共感能力や理性的判断能力まで発現させることができることを描出した。そしてペスタロッチは，貧民子弟を集めた農場学校を経営し，子どもの自発性を重視した教育実践を行った。ペスタロッチによれば，人間にはもともと発達を遂げる内在的な力（理性，心情，技能等）が素質として備わっている。貧民の子どもたちにおいて，その素質が埋もれているのは，それにふさわしい活動の場が与えられていないからである。そこでペスタロッチは「生活が陶冶する」として，父母兄弟を含めた家庭生活，近隣や農場での共同作業，そして知的な問題解決を要する生活場面での自発的な活動を重視した。素質を目覚めさせ，諸活動を通して諸力を獲得させていく直観，作業，経験が，ペスタロッチの教育実践の原理をなしている。

　自発性の原理は，フレーベル（F. Fröbel）やディースターヴェーク（F. A. W. Diesterweg）において，**自己活動の原理**としてとらえ直されることになる。フレーベルによれば，子どもの活動への欲求は，自己を表出し，表現する衝動に基づいている。したがって幼児においては，さまざまな遊戯を通して，構成的な，そして発見的な衝動を目覚めさせていくとされた。ディースターヴェークは，教材の内的論理と子どもの心理を顧慮しつつ，子どもの自己活動を知的・道徳的に展開させていく教師の指導について論じた。そして自己活動の原理は，新教育運動を支える実践原理として引き継がれた。その典型例としては，ケルシェンシュタイナー（G. Kerschensteiner）やデューイの労作の原理をあげることができる。

　自発性・自己活動の原理は，現在では，**内発的動機づけ**の理論として体系化されている。動機づけには，外発的なものもあるが，内発的なものこそが，より重要である。子どもが学習の目標・内容に意義を見いだし，対象に

興味をもち，たとえ他人から指示されたり，強制されたりしなくても，また報酬がなくても学習を継続するようになることこそが，真の自発性であり，自己活動だからである。新教育運動の中で，賞罰や競争によって子どもを学習へ動機づけるのではなく，子どもの興味や知的好奇心を尊重したのは，最近の内発的動機づけ研究の方向を示唆したものであったといえよう。

（3）練習の原理

練習（ドリル）の原義は，何度も錐（きり）もみをすることで板に穴をあけることであり，教育用語としては，比較的単純な作業を繰り返し課することにより，一定の知識や技能を身につけさせ，その保持・定着を図ることの意味で使われる。教育方法としてのドリル型の練習の特徴は，反復による記銘にある。内容の理解は，それに伴って得られることであるとみなされる。

印刷術が開発される以前は，テキストを用いた指導ができないため，子どもたちの頭の中に，一定の内容を正確に記銘させるよりほかになかった。宗派の教義を一律に徹底させるカテキズム（教義問答）は，教師－生徒間の問答そのものを，すべて決められたとおりに記憶させるものであった。かつての日本の藩校の講義法も，漢籍の素読・暗唱が主たる学習方法であった。今日でも，学習させる内容が定まっていて，学習の過程も画一化されている領域については，ドリル型の練習が可能であり，有効であると考えられている。漢字の読み書きや計算等の低次の基礎技能の定着のために，この方法が絶えず用いられてきたのも理由のあることである。学習をドリル化することにより，教師は学習の範囲を指定するだけで済むことになる。いったんドリル化に成功すれば，子どもは自らの頭に自らの手で錐もみをすることを厭（いと）わなくなる。

ドリル型の練習に対する非難は，新教育運動の理論家の間では常識化している。例えば『民主主義と教育』においてデューイは，繰り返しドリルの難点に言及しており，そこでドリルは，常に反知性的な方法の典型として登場している。そのためドリルには，インドクトリネーション（教化）と同じように，けなし言葉としての用法ができあがってしまっているのである。

それにもかかわらず，ドリル型の練習が不可欠の分野がある。技能学習の分野が，それに該当する。ポランニー（M. Polanyi）の『暗黙知の次元』

(1966年）によれば，技能の習得過程は，①一つひとつの筋肉を動かして一つひとつの活動をすること（例えばペダルを踏むこと，ハンドルを動かすこと）と，②それらの活動を統合して一定の行為を遂行すること（自転車に乗ること）の二つに区分することができる。初心者は，何よりも①に属する一つひとつの活動に習熟することから始めなければならない。それらが身について，②が実際にできるようになると，①の諸活動は，「暗黙知」となって意識させないようになる。しかしそのような習熟の段階に入る以前には，一定の活動の反復練習が，どうしても必要不可欠なのである。ドリル型の練習は，教育方法としての難点にもかかわらず，子どもの学習はもちろんのこと，人々の社会生活を根底で支える基本的機能を果たしているのである。

　以上本節では，代表的な学習指導原理について詳述してきた。これら以外には，前節で略述したものに加えて，例えば生活近接の原理，両極性の原理，個別化・個性化の原理，教授−学習過程の最適化の原理等をあげることができる。いずれにせよ，それぞれの原理は，それ独自の意味をもつと同時に，相互に重なりをもっている。これは，複数の原理の協働化を意味するだけでなく，一つの原理への着目とその追究が，他の原理の解明にかかわりをもつということである。例えば伝統的な直観の原理を追究することは，わかりやすさ，楽しさ，意識性と積極性といった現代的な意味での授業づくりを支える原理につながり，それを豊かにし，深めることになる。

〔助川晃洋〕

【引用・参考文献】
長谷川栄・佐々木俊介 編　『教育の方法と技術：実践的指導力の基礎を培う』　協同出版　1992
日本教育方法学会 編　『現代教育方法事典』　図書文化　2004

第14章

学習指導過程

14-1 学習指導過程とは何か

　本章で考察する概念は，学習指導過程である。聞きなれない言葉かもしれないが，学習指導過程とは端的にいって学習指導の道筋のことである。道筋とは，出発地点と目的地とを結ぶあらゆる可能性と言い換えるとわかりやすいだろうか。学習指導の実践場面である授業を念頭に置けば，ここでいう出発地点とは子ども観，単元観，教材観に基づいた単元構成や授業展開の設定といえるだろうし，学習指導の目的地とは単元や各授業に設定した観点別目標や評価規準に基づいてなされる教育評価といえるだろう。学習指導過程とは，この出発点から目的地に至る道筋を指す。

　もちろん，出発地点と目的地を結ぶことのできる道筋は，学習指導を構成する諸要因のどこに力点を置いて授業を設計するのかによって，多様な形態をとりうる。実際に，日本ではこれまでさまざまな理論に拠りながら，実に多様な学習指導過程が設計され実践されてきた。

　本章では，日本の学習指導過程の変遷について，戦後から現代にいたるまでの代表的な実践事例を確認したい。それらの学習指導過程がどのような時代背景で生まれ，どのような教育学理論に依拠し，どのように実践され，ど

のような可能性や課題を抱えていたのかに言及しながら，授業の在り方としての学習指導過程を学んでいこう。

14-2 戦後における学習指導過程の変遷とその類型

　教育方法学者の長谷川は，日本における戦後の学習指導過程について，代表的な実践事例を以下の八つにまとめている。

表14-1　長谷川（2008）による学習指導過程の代表的実践事例

①　問題解決学習
②　系統学習
③　プログラム学習
④　発見学習
⑤　範例学習
⑥　オープン学習（本章ではオープン教育と記載）
⑦　完全習得学習
⑧　総合学習

　以下ではまず，これら八つの学習指導過程についてその概要を順に確認していこう。その上で，子どもの学び合いを軸にした学習指導過程（協同学習，協働学習，協調学習）と，これらの学習指導過程を学校教育で実践可能にしている反転学習について確認しよう。最後に，これらの学習指導過程をいくつかの概念軸で類型化し，それぞれの学習指導過程が持つ特徴を顕在化しよう。

(1) 問題解決学習

　戦後の学習指導は，戦前・戦中の教え込み・価値注入型教育への批判や反省から，それまでの教師主導の形態を改め，子どもを主体として再出発した。1947（昭和22）年に出された『学習指導要領　一般編（試案）』には「学ぶのは児童」であることが強調され，教師は学習指導の主体的な立場から，学ぶ子どもを支援し学びの環境を整備する補助的なものにその役割を転換された。教師から子どもへの教育主体のシフトに，戦前・戦中に続いてい

た学校教育の大きな転換を見て取ることができる。この時期に，第一に登場した学習指導過程が**問題解決学習**（problem-solving learning）である。

　問題解決学習とは，ある問題や課題を設定してその問題や課題への答えを導き出すプロセスに学びを企図する学習指導過程である。問題解決学習の具体的な実践形態としては，「プロジェクト型の単元学習」と「問題型の単元学習」との二つを挙げることができる。プロジェクト型から確認していこう。

　プロジェクト型の単元学習に基づいた学習指導では，まず，子どもの興味・関心・必要からある特定の社会生活場面を教師が設定する。例えば，おもちゃに興味のある子どもが仮想的な玩具店を経営するとか，動物に興味のある子どもが仮想的なペットショップを経営するなどである。そして，そこで生じる目的（玩具店やペットショップの円滑な経営）に沿ってさまざまな作業（玩具やペットの調達方法やその販売・広告方法など）を計画し，その展開の中に学習を企図するものである。

　プロジェクト型の単元学習の背景にはデューイ（J. Dewey: 1859-1952）の後継者の一人であるキルパトリック（W. H. Kilpatrick: 1871-1965）によって提唱された「プロジェクト・メソッド」（project method）の理論がある。

　一方で，**問題型の単元学習**とは，社会生活において実際に生じている問題を自身の課題として捉え直し，その現状認識や解決に向けての調査・考察を通して学習を企図するものである。例えば，地球温暖化の現状とその解決方法や少子化の現状とその克服すべき課題などが実践例として挙げられる。

　プロジェクト型と問題型の単元学習のどちらもが，子どもの興味・関心・必要から出発するところを共通としており，先述のとおり教師の役割は補助的である。ここには，デューイを中心とした進歩主義教育や経験主義教育の思想が強く影響しているといえる。

　問題解決学習の学びにおいては，答えを出すことよりも問題に向き合い続けることが重視される。そのため，子どもの発達段階に応じた問題の設定が重視される。子どもにとって設定された問題が簡単であればすぐに答えにたどり着いてしまうし，かといって難しすぎると答えにたどり着く前に意欲が萎えてしまう。したがってこの学習指導過程は，子どもの詳細なアセスメントが不可欠であり，かつ教科ごとに断片化されている学びを問題解決のプロ

セスの中で有機的につなげていくことのできる高い専門性が教師に求められることになる。

（2）系統学習

　教え込み教育・注入主義教育へのアンチテーゼとして登場した問題解決学習ではあったが，1955（昭和30）年を前後として基礎学力低下の批判を背景に安易な児童中心主義として「はいまわる経験主義」との批判を浴びることになる。基礎学力の向上に注目が集まる中で，改めて見直されたのが系統学習である。

　系統学習（systematic learning）とは，教育内容を基礎的・基本的なものから発展的・応用的なものへと段階的に配置し，順序立てて子どもに学習させる指導方式のことである。学習場面における主体は教える側の教師にある。子どもをアセスメントし，その実態や抱えている興味関心から出発する問題解決学習と対極をなすものであるといえよう。

　系統学習のメリットとしては，学問・科学・技術の成果としての知識を短期間に効率的かつ体系的に子どもに習得させられることにある。系統学習は，その効率性を重視した場合，一般的に一斉授業（simultaneous instruction）の形態をとることが多い。

　その一方で，デメリットとしては，系統学習による教育内容が子どもの興味・関心・必要とは必ずしも合致しないために，子どもによる主体的な学習が成立しにくく，教師主体の学習指導に陥りやすいということがあげられる。メリット・デメリットのどちらにしても，系統学習を一斉授業の形態で実施した場合，教育の主体は子どもではなく教師ということになる。

（3）プログラム学習

　プログラム学習（programmed learning）とは，事前にプログラムされた学習内容を子どもに提示し，そのプログラムに従って一人ひとりがそれぞれのペースで，それぞれ異なった過程を経て学習していくことを特徴とする学習指導過程をさす。このプログラムはティーチング・マシーン（teaching machine）によって子どもたちに提示される。学習内容は系統的に体系づけられているが，子どもの個別性に対応できる点が一斉授業と大きく異なる。日

本では昭和30年代中盤以降，主に小学校に導入された。子どもの個別性に対応できる学習指導過程であることから，先述した系統学習の一形態である一斉授業のデメリット，すなわち子どもの能力差・個人差に対して個別に対応することの困難さを克服することが期待された。

プログラム学習が生み出された理論的背景として，スキナー（B. F. Skinner: 1904–1990）による学習理論がある。スキナーはオペラント条件づけで顕著な業績を残した行動主義心理学者である。オペラント条件づけとは，対象（例えば子どもや動物）が自発的な行動（operant）をした場合に，積極的かつ即時的に刺激（例えば褒めたり叱ったり）を与えたり消失させたりすることで，次の自発的行動の発生頻度が高まったり低くなったりする動物の行動原理を説明するものである。スキナーは，ネズミの行動を観察していく中で編み出した理論をプログラム学習として体系づけて，教育に応用しようとしたのである。

この理論は次の五つの原理によって構築されている。それらは，①学習段階を細分化するスモールステップの原理，②学習の個人差に対応する自己ペースの原理，③オペラント学習づけから考案された積極的反応の原理と即時確認の原理，④学習者の学習結果によってプログラム自体を修正していく学習者確認の原理，そして⑤学習形成の過程により問題の補助を減らしてゆくフェーディングの原理である。これらの原理に基づけば，系統的な学習内容を子どもの個別性に対応する形で提供することができ，子どもは一斉授業よりも主体的に学習を進めることができるとされる。

また，プログラム学習にはひたすら正答を目指す単線型のスキナー型と誤答にも異議を認める分岐型のクラウダー型という二種類のプログラムがあるが，学習者の反応に対して即時にフィードバックや強化（reinforcement）を与えるという機能をもっている点において両者は共通している。

プログラム学習は1960年代中盤まで用いられてきたが，あらゆる事態を想像してあらかじめ学習の展開を構成しなければならなかったことや，偶発的要素のすべてにプログラムが対応することが困難であること，子どもの自発的行動に対して逐一即時対応しなければならないなどの実践上の諸問題により次第に衰退してゆくことになる。しかし，コンピュータ技術の発展に伴い，プログラム学習はCAI（computer assisted/aided instruction）へと継承さ

れ，現在において再び発展を見せている。

（4）発見学習

　ある問題や課題に対して教師が答えを与えるのではなく，子ども自身に探究させ，自ら課題に対する答えを見出し，その答えを知識体系の構造のどこに位置づくのかについて考察させるように導く学習指導過程を**発見学習**（discovery method）とよぶ。発見学習が生み出された背景には，教育方法の改善に関するウッズホール会議の議長を務めたブルーナー（J. S. Bruner: 1915-2016）の理論がある。ブルーナー（1960＝1963）の著した"*The Process of Education*"（邦訳『教育の過程』）は日本の教育界に大きな影響を及ぼした名著の一つである。

　発見学習の基本的プロセスは，①学習課題の把握，②問題の予想，③仮説の設定，④検証と確認，⑤結論の発展，である。一瞥してわかるように，これは科学研究のプロセスそのものである。子どもたちを小さな研究者とみなして，研究のプロセスの学習への応用を試みるのが発見学習である。発見学習の効果として，①知的潜在能力の増進，②内発的な動機づけ，③長い記憶保持，④発見の仕方の学習の四点が知られている。確かに，私たちの実感として，一方的に与えられた知識は気づけば忘れていたりするが，問題の発見から結論へと発展させるプロセスをすべて自分（たち）で歩むことができれば，時間が経過してもその知識は深く私たちに刻まれるだろう。

　発見学習の特徴は，教科における体系的知識の構造を重視し，子どもの内発的動機づけに基づく探究過程を尊重し，子どもが発見する喜びや驚きに意義を見出すことにある。しかしながら，発見学習の実践は必ずしも容易ではなく，教師に求められる力量も決して小さくはない。また，学習指導要領による基準性の拘束が強い日本の学校では，学年や分野の枠を超えた知識体系の構造を授業で全体的に扱うことが困難であり，せいぜい単元ごとの構造を教師主導で発見させることで精一杯となる傾向が強い。

　このように，実践面においてさまざまな課題を抱えていた発見学習ではあるが，研究のプロセスを学習指導過程として編み直したことが日本の教育実践にもたらした功績は大きいといえよう。

（5）範例学習

　学習内容をその根底で支える科学的知識体系は時間の経過とともに増大していく。この増大する学習内容をただ網羅的に習得させようとすると，どこかで教えうる学習内容の限界点を超えることになってしまう。学習内容のすべてを教えるのではなく，基礎的・本質的な事例の習得を通して他の事例に応用する学力の獲得を目指した学習指導過程を，**範例学習**（exemplarisches Lernen）とよぶ。日本においては，発見学習の導入と実践に並行して 1960 年代後半から 70 年代にかけて紹介され実践が試みられた。範例学習とは学習面に着目する際の呼称であるが，教授面に着目した場合は範例教授（exemplarisches Lehren）とよばれる。

　範例学習が誕生する背景には，教材・教育内容の大量化・過剰化とそれに伴って発生した子どもたちの学力低下を克服する必要性があった。その発祥は西ドイツであり，1951 年のチュービンゲン決議以後，教材や教育内容の精選はドイツにおいて教育学的議論の中心となった。60 年代後半になると，範例学習はデルボラフ（J. Derbolav: 1912-1987）とクラフキ（W. Klafki: 1927-2016）によって範疇的陶冶（kategoriale Bildung）の理論に位置づけられた。範例方式の成立条件としてデルボラフ（1969）は，①テーマ的選択（教材の精選・範例の抽出），②発見的方法（子どもによる能動的な学習の促進），③発生的態度（学習者の主体性の確保），④基礎教育的機能（範例の「基礎的」性格の重視）の 4 事項を示している。④の基礎教育的機能（範例の「基礎的」性格の重視）とは，第一に，範例が科学の全体系において基礎的であること，すなわち基礎を学んだ後の応用的発展が広がりをみせる（一を聞いて十を知る）ということである。第二に，子どもが主体的に学習を進めていくことを基礎とすることである。これはつまり，知識を一方向的に子どもに与えることを目指した受動的な学習ではなく，子どもの気づきや発見に重きを置いた学習を展開するということである。

　範例学習の難しさの一つは，膨大な学習内容の中で何を範例とすべきかについての合意形成が簡単ではないことにある。論者間の価値観の相違は，学習内容の何を範例とすべきかの相違に直結する。「ゆとり教育」の論争を概観すれば明らかなように，円周率を「およそ 3」でよいとする論者と，それでは円周率の本質を子どもに伝えられないとする論者との間には，想定以上

の大きな溝があったのである。

とはいえ範例学習の考え方は，何を中心的な概念（範例）として学習内容を形作るのかによって子どもの学びが変わってくるという構成主義的な授業観を授業者に広めたことにある。どんな力を子どもに見つけさせたいかという「ねらい」をもとに範例を導出し，その範例から単元構成や授業展開を設計していく重要性を私たちに教えてくれる。範例学習の最大の貢献は，知識がモノのように教師から子どもに与えられるのではなく，知識は子どもが教師や級友や外の世界との関係性の中に形作られていくものであるという構成主義的な学習観を私たちに提供してくれることである。

(6) オープン教育

従来の学校や学級が外の世界に対して閉じられている（closed school）という前提に立ち，あらゆる境界（boundary）を取り払って教室外・学校外の環境に対して開いている学校をオープン・スクール（open school）とよぶ。オープン・スクールで取り払われる境界とは，建物の構造や教室の仕切りといったハード（構造）から，カリキュラムや教科や単元構成といったソフト（過程）の両面に及ぶ。子どもの学習にかかわる諸要因を，子どもを中心に捉え直してできるだけ柔軟で開かれたものにしているところにオープン・スクールの特徴がある。オープン・スクールにて展開されている教育を総称して**オープン・エデュケーション**（open education）あるいは**オープン教育**とよぶ。

オープン教育の起源は，第二次世界大戦後のイギリスにあり，『プラウデン報告（Plowden Report）』によって広く認知されることになった。プラウデン報告とは，1905年にイギリスで出された初等教育改革の研究報告書である『ハドウ報告書（Hadow Report）』からの流れをくむものである。

『プラウデン報告』の中でオープン教育は次のように扱われている。オープン教育では，生徒の行動や態度，価値観を画一化して規制する伝統的な教育方法を否定的に捉える。それはまた，教育の自由化・学校の開放化を革新的に推し進めようとする教育イデオロギーに支えられたものでもあった。この流れは70年代に入るとアメリカでも広がりを見せ，日本においては1984（昭和59）年に当時の文部省が支援を決定した後に急速に広がってきてい

る。その背景には，70年代以降の受験体制の激化，知識注入を主目的とした一斉授業などによって引き起こされた「落ちこぼれ」の問題がある。

オープン教育において展開される授業では，子どもたちの体験的な活動や話し合いや学び合いによる学習を推奨し，それらの学習プロセスにおいて子どもたちの問題解決能力や自己学習能力の涵養が期待されている。具体的な実践としては，教室は従来どおりに運用しその他に多目的スペースを設置している場合や，同学年の複数学級に共有スペースを設けている場合，図書やコンピュータなどを設置して多様な学習活動を行えるメディアセンター等を設けている場合などさまざまである。

一方で，空間的にオープンにすることが必ずしも子どもたちの開放的な学びを保障することにつながらない場合もまた指摘されている。例えば，子どもたちの自主性を尊重し過ぎるあまり学習環境が無秩序になる懸念があったり，学習面・生活面で困難を抱える子どもの場合は境界を取り払うのではなく逆にパーティションを使用して敢えて空間を閉じる（区切る）ことで学びの場の構造化が必要になったりもする。このようなデメリットを意識したうえで，子どもの特性に合わせて慎重な対応が求められることになる。

（7）完全習得学習

オープン教育と時期を同じくして，**完全習得学習**（mastery learning）に注目が集まった。完全習得学習は，あらゆる子どもたちは適切な方法と十分な時間をかけることができれば学習内容をすべて学びとることができるという子ども観に基づいている。そのため，先述の「落ちこぼれ」問題の解決に期待が寄せられた。

完全習得学習は1963年にキャロル（J. B. Carroll: 1916-2003）の提唱した理論に基づいている。キャロルによれば，子どもの学習成果は学習速度の問題として捉えられる。すなわち，ある教科が得意な子どもは早く学び，苦手な子どもはゆっくりと学ぶ。子どもの特性に合わせた学びとはその子どもが必要とする時間を十分に与えることで実現される。

これがブルーム（B. S. Bloom: 1913-1999）によって提唱された「教育目標の分類学」（taxonomy of educational objectives）によって1980年代に実践的な展開を見せる。ここでは子どもたちに共通する目標を明確に設定し，学

習課題の分析を詳細に行い，目標分析を表として作成する。その上で一斉授業を学習指導過程として用いて子どもの学習状況を個別に評価してゆき，個別指導の補充プログラムや深化プログラムを実施して子どもに再学習の機会を与える。このようにして，一人ひとりが要する時間は異なるとしても，最終的には全員が共通の学習目標を達成できるとする。

完全習得学習の問題点としては，学習に前もって目標を明確に設定するために，必ずしも教授・学習が子どもの自主性や興味関心に基づいてなされるわけではなく，時として教師による一方向的な知識注入型の授業に陥りやすいということがあげられる。また，学習の理解に時間がかかる子どもは，別途補習の時間を確保する必要があり，教師と子どもの双方に負担感を伴うものであるということも完全習得学習の課題である。

(8) 総合学習

総合学習というと，「総合的な学習の時間」を連想する人も多いかもしれない。総合的な学習の時間は，知的障害児を対象とした特別支援学校小学部で一部例外規定があるものの，学習指導要領が適用されるすべての学校で2000（平成12）年以降段階的に進められてきた教科外活動の一つである。

総合学習は，この総合的な学習の時間の源流ともいうべき学習指導過程である。その起源は，記録をたどると1920年代にまでさかのぼる。古くは木下竹次（1872-1946）による合科学習の実践などがその代表事例である。その他にも多くの事例があるが，それらはどれも1941（昭和16）年に施行した国民学校令が推奨する全体教育（「皇国民の錬成」）により衰退することになる。戦後，総合学習は民主的な市民の育成を期待され，地理，歴史，修身（公民）を統合した個別の教科として成立していた（総合社会科）。しかし，1958（昭和33）年の学習指導要領の改訂に伴い，社会科に系統学習が導入されたこと，及び学習指導要領に法的拘束力が付与されたことで総合学習は再び衰退することとなる。さらに，1987（昭和62）年に教育課程審議会が小学校低学年における社会科と理科を統合した生活科を答申し，総合学習の議論は再び活発になった。その後，改訂学習指導要領により2000（平成12）年から段階的に総合学習は導入されるにいたった（高等学校では2018（平成30）年に告示された学習指導要領により総合的な探究の時間と改称さ

れている)。このように，総合学習は時代の趨勢によってその浮沈を繰り返してきている。

　合科学習，合科教育，総合的な学習の時間等，その呼称はそれぞれ異なってはいるが，総じて共通するのは次の二点である。第一に，教科の枠にとらわれない横断的な学習主題をもつこと，そして第二に，時として生活実感から遊離しがちな学習活動を子どもの興味・関心・自主性と統合させて行うことである。2017（平成29）年以降順次改訂された新学習指導要領ではその時間数が減少傾向にあるものの，子どもの主体的な興味関心に基づいて教科横断的に学びを展開できることから，教師の授業実践力をいかんなく発揮できる学習指導過程といえるだろう。

（9）協同・協働・協調学習と反転学習

　ここまで，長谷川（2008）による戦後の学習指導過程の代表的実践例を順にみてきた。ここでは最後に，協同学習，協働学習，協調学習と反転学習を紹介しよう。これらの学習指導過程は，学習指導要領の改訂によって一般にも知られることになったアクティブ・ラーニング（学習指導要領での表記は「主体的・対話的で深い学び」）の文脈の中でより一層注目を集めている。

　協同・協働・協調学習は厳密にはそれぞれ実践の仕方が異なるが，すべて「協」という漢字を用いていることから窺える通り，これらは共通点を有してもいる。ここでは，それぞれの学習指導過程の詳細については先行研究に解説を譲り，子どもの学び合いを軸に学習を展開するという共通点に着目して考察を進めていこう。その後で，これらを基礎的・基本的知識の獲得の点で支える反転学習について確認しよう。

　協同・協働・協調学習が依拠するのは，旧ソビエト連邦の教育・発達心理学者であるヴィゴツキー（L. S. Vygotsky: 1896-1934）が提唱した「発達の最近接領域」（Zone of Proximal Development）という概念である。ヴィゴツキー（1973）によると，子どもの発達には「成果」（fruits）に至る少し前に「つぼみ」（buds）や「花」（flowers）の段階があるという。つぼみや花の発達段階に位置づく子どもは一人でできることが限定的ではあるが，一人ではできなくても周囲のサポートがあればできることがある。このようなつぼみや花の発達段階を，発達の最近接領域とよぶ。

発達の最近接領域が教育実践にもたらした最大の貢献は，発達の最近接領域に位置づいている子どもを次の段階に上る手助けをするのは教師主体の指導ではなく，周囲の人との社会的相互作用（interaction）と学友との協同（cooperation）である，ということにある。

　この考え方に基づいて子どもの学び合いを軸に設計される学習指導過程が協同・協働・協調学習である。これらの学習指導過程では，子どもたちが向き合うのは教師ではなく級友である。子どもたちは小グループの中で学び合いながらファシリテーターとしての教師のサポートを受けつつ，級友との社会的相互作用の中で学びの理解を深めていく。

　小グループでの学び合いがスタートした当初は，発達や学習の理解が他よりも進んでいる子どもが学友を教えるという一方向的な関係性から始まることが多い。しかし，学習内容が変われば「できる・できない」の関係性が逆転したり，教えることを通してできる子の理解がさらに深化したり，学習内容をたった今理解したばかりの学友から教わることの方がはるか昔にその知識を獲得した教師に教わるよりも子どもの理解を促進したりする。このように，学び合いにおいて子どもたちに双方向的で互恵的な相互依存関係が構築されることを目指すのが協同・協働・協調学習の共通する特徴である。

　教師は小グループにおける子どもの関係性が双方向的で互恵的な相互依存となるように，グループの改善を不断に進めていくことが求められる。ヴィゴツキーは，教師が子どもの学習と発達を主導する存在ではなく，学習の中に子どもの発達を促す契機を適切に配置することが教師の役割であることを発達の最近接領域という概念を通して伝えようとしたのである。

　とはいえ，すべての学びが小グループの中での社会的相互作用を通して展開されるわけではないし，そうあるべきでもない。学びの基礎的・基本的知識やスキルの中には，単純な反復の中で身につける方が効率的なものもある。例えば九九を習得するための反復練習は一人でできることの典型例であろう。基礎的・基本的な知識やスキルの獲得（＝一人でできること）は家庭学習で行い，獲得した知識やスキルを用いて社会的相互作用の中で双方向的・互恵的に学び合うこと（＝仲間がいないとできないこと）は授業で実践する。この学習指導過程を反転学習とよぶ。従来の一斉授業が，基礎的・基本的な知識やスキルの獲得を目指し，その定着が家庭学習で目指されていた

のだとすると，その学びの役割を学校と家庭で反転させるのがこの学習指導過程の特徴である。反転学習と協同・協働・協調学習を組み合わせることで，基礎的・基本的な知識やスキルの獲得と社会的相互作用の中での発達の促進と学びの深化を両立させるやり方は，実に合理的である。

14-3　学習指導過程の類型化

この章の最後に，これまで紹介してきた学習指導過程に五つの概念軸を当てはめて，それぞれの学習指導過程の類型化を試みたい。学習指導過程を類型化する考え方は，ここまで確認してきた学習指導過程の要素の中から使えるものを適宜組み合わせてあなたが授業を実践する際に役に立つだろう。

学習指導過程を類型化する際の概念軸とは，以下の五つである。

表14-2　学習指導過程を類型化するための二項対立的概念軸（早坂, 2012）

①教師・生徒間関係 　　教師は授業の中で子どもに，「集団」としてまとめて向き合うのか，あるいは「個別」として一人ひとりに向き合うのか
②生徒・生徒間関係 　　子どもは授業の中で「個別」に学びを進めるのか，あるいは「集団」として学友とつながり合って学び合うのか
③学習の展開 　　子どもの学びは，授業時間・教室の中に「閉鎖的」に留まるのか，あるいは授業時間・教室の外に「開放的」に広がりうるのか
④授業の主体 　　授業の主体は「教師」か，あるいは「子ども」か
⑤知識のあり方 　　授業で扱う知識は，モノのような受け渡しが可能な「本質主義的」に理解すべきか，あるいは社会的相互作用の中で他者との関係性の中で形作られる「構成主義的」に理解すべきか

以上の五つの概念軸に二項対立の値(0/1)を与えてまとめたのが，表14-3である。

表 14-3　二項対立的概念軸による学習指導過程の類型（早坂，2012 を本章の内容に沿って改変）

	教師・生徒間関係		生徒・生徒間関係		学習の展開		授業の主体		知識のあり方		類型
	集団的	個別的	個別的	集団的	閉鎖的	開放的	教師	生徒	主本質義	主構成義	
	0	1	0	1	0	1	0	1	0	1	
一斉授業	●		●		●		●		●		0-0-0-0-0
問題解決学習		●		●		●		●		●	1-1-1-1-1
プログラム学習		●	●		●		●		●		1-0-0-0-0
発見学習	●			●	●			●	●		0-1-0-1-0
範例学習	●		●		●			●		●	0-0-0-1-1
オープン教育		●		●		●	●		●		1-1-1-0-1
完全習得学習		●	●		●			●	●		1-0-0-1-0
総合学習	●			●	●			●	●		0-1-0-1-0
協同・協働・協調学習	●			●		●		●		●	0-1-1-1-1

　論者によっては二項対立の値の付け方が変わるだろうし，その立場の違いが生じさせる議論は，新しい学習指導過程を生み出すきっかけを提供するだろう。

［早坂　淳］

【引用・参考文献】

Bloom, B. S. *Mastery Learning*, New York: Holt, Rinehart, & Winston, 1971

Bruner, J. S. *The Process of Education*, Harvard University Press, 1960／鈴木祥蔵・佐藤三郎訳　『教育の過程』　岩波書店　1963

Carroll, J. B. *A Model of School Learning*, in Teachers College Record, 64, pp. 723-733, 1963.

Central Advisory Council for Education（England）, *Children and their Primary Schools*, Vol. 1, The report（Plowden Report）. HMSO, 1967

Consultative Committee of London（England）, *Report of the Consultative Committee on the Primary School*, London,（Hadow Report）. HMSO, 1931

Derbolav, J. *Exemplarisches Lehren - exemplarisches Lernen*, 1. Aufl.. Stuttgart: Klett, 1969.

長谷川榮　『教育方法学』　協同出版　2008

早坂淳　「我が国の戦後教育史における学習指導過程の特徴」，『長野大学紀要』第 34 巻第 1 号所収，pp.27-39, 長野大学　2012

Kilpatrick, W. H. *The Project Method*, Teachers College Record, Vol. 19, No. 4, pp. 319–335, 1918

文部省 『学習指導要領 一般編（試案）』 1947

Skinner, S. F. with Ferster, C. B. *Schedules of Reinforcement*, New York: Appleton–Century–Crofts, 1957

Vygotsky, L. S. *Mind in Society: Development of Higher Psychological Processes*, pp. 84–91, Cambridge, Massachusetts: Harvard University Press, 1978

第15章

児童・生徒の理解と学習集団の編成

15-1 着眼すべきこと

(1)「善さ」への着眼

　教育思想の根源にあるテーマは「子どもを善くしたい」という「万人共通の想い」である。そして，教育実践とはその「善さ」への解釈と実施方法から現出し続ける事象である。したがって，教育の実践においては，教育の対象である児童・生徒の「善さ」への理解がもっとも重要なことになる。

(2)「問い」への着眼

　その「善さ」とは，森羅万象から「問い」を見いだし〔創成し〕「答え」を見いだそう〔創成しよう〕とする「学習者としての存在」にある。すなわち，自らをして「善く生きよう」とする「自己組織者・人間形成者」としての児童・生徒〔人間存在〕そのものであるともいえる。

　教師の役割とは，そうした存在・過程・展開を見据えて，「自己組織者・人間形成者」としての「児童・生徒を理解」し援助・指導することにある。したがって，教育行為の任務が，児童・生徒における「実践の知」「理論（学問）の知」の双方における「問いの生成」「考察」「応答」「問いの連鎖

〔再生・展開〕」にかかわっているということは自明のことなのである。
　より踏み込んでいえば，教育とは「問い－考察－応答」過程を援助することにあるといえる。したがって，「児童・生徒の理解」とは，個人であっても集団であっても「問い」「考察」「応答」という「問いの連鎖〔再生・展開〕」にかかわる対象特性と環境特性の把握理解にほかならない。

（3）「学習者」の理解
　教育史上最大の変革は「教育概念」から「生涯学習概念」への転換である。そこでは，幼児でも，児童・生徒でも，学生でも，成人でも，そして老人でも等しく「学習者」という単一の定義がなされることとなる。しかしながら，「教授の三角形の図解」では，今日でもなお「教師－子ども－教材」と図示・記述されるので留意したい（図11-1参照）。
　さて，ここでいう「子ども」には「子ども（単数）」と「子どもたち（複数）」の二側面がある。言い換えれば，前者は「個々の学習者」（個々の児童・生徒）であり，後者は「複数の学習者」（学級の児童・生徒）である。したがって，「児童・生徒の理解（個々の学習者）」と「複数の学習者（通常は学習集団）の理解」は同一のものであり，核心として「善さ」の理解という点でも同一のものであるといえよう。

（4）「個の自覚」と「集団の自覚」への着眼
　次に，そうした児童・生徒たちを「学習者」や「学習集団」として顕在化させることがきわめて重要である。集団を目的集団として多様に編成することは，教育実践上において効果的なことである。
　集団の指導において重要なことは，次の2点である。
　第一に，個々の学習者が個々の存在自覚に基づき学習のテーマ化を行うことである。自分自身の「問い」であるという自覚が，学習過程〔思考過程・応答過程〕や応用展開の質を高めるのである。
　第二に，個々の集団が集団としての存在を自覚し学習のテーマ化を図ることである。学習者個人の場合と同様であるが，同様に，学習集団はそれぞれの集団への自覚を通して「問い」を創成し「問い」に応答する過程を踏襲する。

これこそ，自分たちの「無知」と「問い」への自覚であり，ソクラテスのいう「無知の知」の体現者たちの姿勢でもある。ここにおいて「民主主義」の正当な構成員としての基本的な学習が自覚的に成立するといえる。
　教師の役割とは，一に，両者における「問い」の「自覚」と「テーマ」化を通して展開〔彼らの学習〕を援助指導することにほかならない。別様にいえば，このことが教師の基本的な児童・生徒理解の観点になる。

(5) 二つの理解と指導との「循環的発展」への着眼

　一方，教師による「児童・生徒理解」は〔「対象」←「解釈」←「理解」〕という「認識」に至る実践行為である。そして，この現象は哲学的解釈の文脈でとらえると実践的認識〔実践知〕と称される。しかしそれは，眼前の児童・生徒への「完璧な理解」であるとはいえない。完璧な理解は概念的〔理論的〕な理解の構造の中でのみ成立しうるものなのである。これは通常「理論（学問）的認識〔理論（学問）知〕」と称されるものである。
　実践的認識も理論的認識も一方だけでは十分ではなく，現実には，「児童・生徒の理解」を「実践的認識」と「理論（学問）的認識」との循環的交流〔対立・補完〕を通して行うことが最善であると考えられている。したがって，教師には一方に偏ることなく，総合的に子ども（学習者）を理解し，「教育実践」あるいは「学習指導」という営為へと結実昇華していくことが求められる。

15-2　児童・生徒理解の方法

(1) 資料と解釈

　児童・生徒の理解についての資料収集方法は，多種多様である。しかし，これらをやみくもに採用し，児童・生徒の資料を収集しても効果は少ない。したがって，目的に応じて有効かつ実効性のあるものに限定して行うことが肝要である。児童・生徒理解の方法としては(2)の①～⑤のような五つの分類が一般的である。しかし，これらはあくまでも「分類」であって各領域の軽重ではないことを銘記しなければならない。
　したがって，実施に際しては，各領域のもつ特質や長所・短所を理解して

資料収集方法を考えることが重要である。解釈者（教師）が複数の検査・調査結果を組み合わせて解釈することで，個々の検査・調査のみでは及ばない総括的な理解を得ることが知られている。それゆえ，教師は教育実践者としての立場から，(2)の①～⑤に列記した諸項目の理論や技法の理解・訓練と同様に，多様な結果分析から総括的解釈力を養成することが必須であろう。

なお，こうした児童・生徒理解の在り方の根底には「人間尊重の精神」と「科学的対処・処理」及び「眼前の児童・生徒と資料結果への継続的解釈と認識の更新」がなければならないことはいうまでもない。機械的な対応では，機械的操作を前提とし，データと作用との間に教育的解釈がない。人間の尊厳と人権への配慮をもちえたデータの取り込みが教師にあること，教師自身が全体的に陶冶された存在になることがもっとも重要である。

特に，留意したいことは，同じ児童・生徒の理解であっても，医師の目的は「治療」であって，その理解の対象は「疾患部」である。心理カウンセラーの目的は「癒し」であって，その理解の対象は「癒されるべき何か」であろう。教育の目的は，児童・生徒を「善く」することであって「善さ」である。教育の隣接分野〔医療・福祉・心理など〕では，以下に記述した同一の調査・検査法などが実施されている。これらの結果に対して，教師は，教育目的に沿った「視点」からの「解釈」をすることが要諦である。

（2）児童・生徒理解の手法

一般的に教育実践の場で使用されている手法を，以下では五つに分類して掲げる。

① 調査法

- ソシオメトリー（sociometry）　心理学者でもあるモレノ（J. L. Moreno）が考案した集団構造の測定法のことである。教育現場では，ソシオテスト（sociotest）とソシオグラム（sociogram）（検査と図解）をワンセットで考えることが多い。なお，社会測定法と記述されることもある。ソシオメトリーでは集団を児童・生徒個人の総和ではなく，個々人の「関係の総和」であるとする。この前提から，児童・生徒間における個々の反発・牽引といったインフォーマルな結合排斥関係や構造

の測定・解析が可能である。それは，結果から視覚的に情報が得られる，生活集団を理解し「いじめ」の発見や指導等に効果的である，個人や集団の自発性の向上に有効であるという特徴がある。

- 家庭（・社会）環境調査票〔準公簿として重要〕　各学校で毎年更新されるもので通常は２部つくられることが一般的である。一冊は担任が，一冊は職員室（資料室・生徒指導室）備えとして利用されることが一般的である。緊急連絡時の補助資料として利用されることが多いので，変更事項は速やかに訂正・付加しておかなければならない。内容項目の選定は生徒指導部に属することが多いが，地区教育委員会の要請で項目が付加されることもある（海外国籍項目，緊急避難時対応項目など）。作成は４月はじめに各家庭で記入され，４月初旬の保護者面談や家庭訪問時に訂正・加筆される。児童・生徒の大けが，事件，災害時の対応などで保護者や関係者への緊急連絡・相談ということを前提に複数の連絡先の記載と，家庭への訪問，生徒を送り届けるための住居への正確な経路図が必須である。作図は，保護者による手書きである形式よりも，学区地域図をもとに自宅，友人宅，通学経路等を記入する形式が作図に際しても使用に際しても有効である。

- 指導要録〔前年度まで〕の検討　過年度までのもっとも客観化した基幹資料であるので，年度別の比較検証を通して理解する。入学時には抄本，転校時には原本が送られてくる。

- 前担任からの聞き取り資料　転任などで過年度の担任が不在の学校もある。通常，補助資料という形の指導資料があり，次の学年に引き継ぐことが多い，有効な資料である。不明なところは聞き取りにより補完する。事件性のある指導事例などは，職員室でも公開されないことがある。問題児童・生徒の事例は，担任の聞き取り時に詳細になることが多いので注意が必要である。

- 両親〔保護者〕からの聞き取り資料　保護者会・面談・家庭訪問等により資料を作成する。近年，個人情報問題が浮上し学級担任による家庭訪問が見送られるケースが増えている。しかしながら，子どもの生活空間はその場に立ち至って初めて体感理解できるものが多い。複雑な家庭環境や児童虐待のケースなど，教師の訪問によって顕在化する事例が少

なくない。児童・生徒や家庭との信頼関係構築の意味からも，児童・生徒の欠席日などに見舞いとして訪問すると効果的である。
- 養護教諭からの聞き取り資料（健康（保健）調査票）　「保健室の先生」「養護の先生」と児童・生徒から呼ばれる「養護教諭」のもつ「児童・生徒の心身のデータ」や「情報への知見」は，場合によっては学級担任を凌駕するものである。医療や保健衛生・健康科学への専門的知識ばかりでなく，日常的な保健室の業務の視点からみた児童・生徒理解と認識は学級担任の新たな観点となることが多い。特に新入生の場合は，保健室の担当者間で病歴や疾患についての専門的な情報交換が行われる。また，新年度当初の健康調査票の受け渡しの際などの聞き取りで個々の児童・生徒の留意点や指導所見を聞き取っておくことは必須である。
- 児童相談所・福祉事務所・医療機関・警察等からの聞き取り資料　非公開の情報が多く，学校情報の公開に対応して公簿化しないのが実態である（原則は，事後・指導会議の後，管理職の判断指示に従って記録化される）。しかし，問題行動や触法行動のあった児童・生徒の資料は，資料が児童・生徒理解の基礎資料として重要不可欠である。したがって，担任から担任への引き継ぎには欠かせない資料である。

② 面接法

広義にとれば，児童・生徒と教師との日常的なふれあいや応答的な行為は面接的行動と解釈できる。しかし，ここでいう「面接法」とは特定の場所で当該の児童・生徒とのテーマ（生活，学習，進路など）に応じた面接をさす。もちろん，教師との人間関係の醸成にもかかわるので注意深く行うことが肝要である。その際，教育相談の技法取得が有効であるといわれている。
- 児童・生徒の年齢に応じて，構造化面接，半構造化面接，非構造化（自由）面接といった技法があり，対象に合わせて使用する。
- 質問法　自由応答法や制限応答法などを効果的に使い分け，個々の児童・生徒の資料を収集する。

③ 観察法
- 日々一定の時間を選んで，継続的な観察をする。
- 事例発生〔テーマ化された〕に応じて，観察をする。
- 観点を決めて，常時観察をする。その際，事実，指導，教師の心の動き・所見・感想等を記述していく。近年では，新規採用教員の研修等に（特定の児童・生徒を対象として）用いられている。しかし，一般的には時間的な制約の中で，全児童生徒に適応するということは少ない。

④ 調査・検査法
- 標準テスト　よく使用されるものとして学力検査，知能検査〔鈴木ビネー式知能検査，田中ビネー式知能検査，ウェクスラー式知能検査〕などがある。
- 適性検査・性格検査　質問法〔向性検査，矢田部・ギルフォード性格検査〕，作業検査法〔内田・クレペリン作業検査〕，投影法〔ロールシャッハ・テスト〕，文章完成法，描画法〔主題絵画統覚検査〕などがある。

⑤ 日記・作文
「日記や作文作品による理解」は「テクスト理解」による「児童・生徒理解」であり，テクストの分析や解釈を通して認識を深めることができる。

日記には学級日誌，班日誌，個人日誌，友達日誌などがある。作文（手紙を含む）には，生徒指導を目的としたものと，教科指導を目的としたものとがある。両者とも，継続的な指導が前提となる。視点や観点の不明瞭な指導であってはならないとされ，それぞれの特性やテーマを確定して記述させることが肝要である。なお，内容的に極秘とされるものもあり留意が必要である。

15-3　児童・生徒理解における日程上の制約

教育実践の場にあって，教師はさまざまな教育実務を担っている。そして，教師はさまざまな制約の中で処理・遂行している。とりわけ，実務上の

大きな制約となるのは「時程」「日程」であり，いわゆる「日々の時程」「週・月間の日程」といった「年間教育計画」である。

　学校の組織的かつ計画的な「児童・生徒の理解」は，そうした制約の中で実施されている。逆にこうした日程上の制約や限界を熟知したうえで，各種調査を選定し組み入れることが効果的である。別様にいえば，日程から予想展開されるシミュレーションを通してさまざまな実践に移していくことや，行事事例等を通しての理解が実践上は有効であり重要である。

　そこで，児童・生徒理解が具体的にどのように行われるかについての一般的手順を，俯瞰記述する。

〔実務の流れ〕
(1) 学年としての必要な資料収集の方法と手順の協議をする。
(2) 継続的な観察計画案の協議をする。
(3) 公簿〔指導要録，身体検査票〕での理解をする。
(4) 諸検査による実態把握をする。
(5) 計画的・継続的観察の実施とその記録を利用する。
(6) 問題児童・生徒の事例研究の協議をする。
(7) 家庭訪問，保護者会での保護者との連絡と協議をする。
(8) 累積記録を通して追跡研究をする。
(9) 記録保存資料の作成をする。

※留意点：①上記(1)～(7)までは，4月に集中する実務である。教師も児童・生徒もきわめて多忙な時期に集中するので，「見過ごし」のないよう注意する。②個人情報にかかわる内容ばかりなので，管理運用は細心の注意が必要である。校外への持ち出しばかりでなく，教室での流出・漏洩にも配慮する。

15-4　学級と学習集団の編成

(1) 学　級

① 新入生の学級編成

　学校における学習集団の基礎単位は，「学級」である。したがって，学級編成はきわめて重要である。特に，新入生児童・生徒の学級編成上必要な児

童・生徒の実態資料をどのような方法で入手するか，活用するかが課題となる。それは，新年度の学級編成を成功させる鍵となる。入学年度の生活や学習のつまずきは，以後の学校生活全体に影響を及ぼすことが多いので配慮しなければならない。

　したがって，小学校における新入児童の場合は，就学時検診（主催は地区教育委員会）や一日入学をうまく活用し，保育所・幼稚園との連絡協議会（連絡会）などを通して新入児童の全体像を把握しておくことが重要である。また，中学校においては，学区域，小学校からの指導要録（写し）が送られてくるが，出身小学校との「定例連絡会情報」や聞き取り資料等を充実させることが肝要である。

　② 　組替え（在校生の学級編成）
　学級は学校生活の単位である。そこは，学習集団と生活集団の錬成の場でもある。一年間の教育実践の成否は，学級編成が大きく影響してくる。したがって，学級編成は，①学業・知能，②行動，③身体，④地域，⑤家庭環境などを多面的に考慮して各学級平等に編成することが期待される。さらに，中学校では特に，①学業成績，②生徒会，③学級委員・班長，④異性，⑤非行，⑥問題行動，⑦心身にかかわる事由，⑧特別な友人関係，⑨保護者などの事項を考慮することが望まれる。⑨の保護者にかかわる事項は，「児童・生徒」「教師」「保護者」との関係問題から学級経営に大きな障害となることがあるので注意しなければならない。

（2）学級内小集団としての「班」
　学級内におけるもっとも重要なグループ形態は「班」である。班は，2〜8人の少人数で編成され，同じ課題を共有し，一定の時間あるいは期間，持続的に生活課題や学習課題を追究する学習形態である。班はグループ学習，小集団学習等で用いられ，戦前は分団（式）学習とも呼称された。

　班は，集団活動の性格的な特質から，生活班と学習班の二種に大別される。（学校や学級によっては同一班・同一構成員の場合もある。）班活動は教育上の機能として，①具体的にさまざまな目的に応じてどのような手順で活動すればよいのか，学習すればよいのかを体験を通して効果的に教えてくれ

る。また，②「集団思考」や「集団行動」を通して「集団とは何か」「集団は如何に在るべきか」を具体的に学ぶ側面と，③「集団と自己との関わりと参与」「集団の中における他者の認識と自己の認識」など体験を通して「個々人（自分自身）は集団内で如何にして生きるか」ということを具体的に学ぶ側面とがある。②と③は学校生活における民主主義教育の根幹をなす活動であり，「問い」でもある。

15-5　学級の枠を越えた小集団

　学校には学級の枠を越えたフォーマルな小集団がある。「学級」以外でもっとも代表的なものは，委員会活動，クラブ活動，部活動などの集団であろう。
　ここでは，上記に含まれない重要な小集団に着目したい。すなわち，地域班，登校班，清掃班，各種行事対応班，ボランティア班である。以下，主なものを紹介する。

①　登校班（小学校）【日常的な登校班】

　主に小学校段階では，代表的な小集団活動である。登下校のために組織された小集団で，居住地域が基本単位であり，特定の場所に集まり集団で登下校する。年長者（主に6年生）が班長となって，年下の成員を保護・指導する形式をとる。学級内集団でリーダーになれない児童にとっては，リーダー経験をする貴重な機会である。積極的な生活指導として，リーダー指導を行っている学校が少なくない。

②　緊急災害時の下校班【非日常的な登校班】

　安全教育の一環として，「緊急災害時の下校班」として特別編成の下校班を別様に立ち上げ展開している例も少なくない。とりわけ大地震や大都市災害の想定される地域では，関連機関との連携の中で運用組織化が企画されている。教師主導による班員の構成による見直し，倒壊危険可能性による見直し，登校経路の見直し，解散手順の見直しなどが課題となっている。
　児童・生徒の判断による危機対応へのシミュレーション訓練，新入生・転

入生の組み入れ，父母迎えの児童・生徒の扱いなど速やかな見直しが必要である。それらは，一人ひとりの子どもの安全への態度や姿勢への理解の場面としても有効である。

③　ボランティア活動班

ボランティア教育の必要性から注目されている生活学習集団単位であり，地域のボランティア活動や募金活動に組織されている教育班である。本来，児童・生徒の自発的活動であることが理想であり基本である。実際には，学習指導要領上の枠組みの中で，学校教育計画内の体験学習として組織されている場合が多く，全国的に展開されている。一方，規格化された活動に陥りやすく，教師の指導下の展開場面を少なくすること，協力する父母等の指導場面を極力抑えて児童・生徒の自主的活動として推進展開させることなど課題が多い。

④　清掃班

異年齢集団によるたてわりの清掃班活動は，実社会の集団活動に直結する学習要素をもつきわめて重要な教育活動である。日常的なありふれた活動ととらえられることが多いが，その活動は児童生徒の理解という観点からみてもきわめて重要である。この活動過程においては，異年齢であることによるさまざまな問題が生じやすいが，多面的に活用したい。

15-6　まとめに代えて

子どもたちにとって，「なふだ」と「えんぴつ」は日常的なアイテムである。しかし，それにかかわる指導内容・領域は異なってくる。前者は「肖像権・基本的人権等」にかかわる事項であり，後者は「所有権」にかかわる事項であるからである。それゆえ，とりわけ「なふだ」「名前」の指導は重要である。

教師による児童・生徒理解の第一歩は，「名前を覚える」ことである。それは人権にかかわる重要なことでもある。言い換えれば，教師にとって「名前を覚える」ということは一人ひとりの人格と尊厳を銘記するということに

ほかならない行為だからである。

　小中学校では，毎朝のあいさつ活動が盛んであるが，相手の名前を知りえてのあいさつであることが重要である。子どもたち同士の機械的なあいさつ活動同様，時折，他学年の児童・生徒であることを理由に「名前」を知ろうともせず機械的にあいさつをしている教師を見かける。子どもはモノではない。性格検査などを駆使していかにデータ分析が集積されても，「一人ひとりを大切にした教育」と唱道しても，「名前」という人格と尊厳の「あらわれ」をなおざりにしては虚言にほかならない。入学式（クラス開き）の日，新入生全員に満面の笑みをたたえて「〇〇さんようこそ！」「〇〇くんおはよう！」とあいさつできることが子ども理解の第一歩であり，学習集団編成の第一歩でもあることを銘記したい。

［飯塚久男］

【引用・参考文献】
長谷川榮　『教育方法学』　協同出版　2008

第16章

教育評価

16-1 教育評価の理念

(1) 教育測定と教育評価

　教育評価とは，指導や学習の過程及び成果について，その状況を目標に即して一定の手続きによって位置づけ，改善へと生かす取り組みである。教育評価は，欧米における心理学や統計学の進展から，19世紀末より教育測定運動ともいうべき科学的，客観的な方法の開発が目指された。例えば，ソーンダイク（E. L. Thorndike）らによる各種の学力測定検査や，ビネー（A. Binet）やターマン（L. M. Terman）による知能検査があげられる。その後1930年代になると，アメリカ進歩主義教育の成果を評価する目的で，**タイラー（R. W. Tyler）を中心とした8年研究**（The Eight-Year Study）が実施され，測定（measurement）よりも包括的な評価（evaluation）という概念が打ち出される。

　日本においても，戦前には**学籍簿**における5段階評価や，**壮丁教育調査**とよばれる徴兵時の学力検査があった。また教育測定運動の影響を受けて，大正期には**田中寛一**や**岡部弥太郎**らによって，図画や書き方等を含む各教科において学力測定の検査方法が考案された。戦後になると，矢田部－ギル

フォード（Y-G）性格検査をはじめ，性格，知能，発達に関する各種の心理検査が翻訳あるいは独自につくられた。それとともに，5段階相対評価を取り入れた評価や，悉皆(しっかい)あるいは抽出による学力調査も実施された。さらに，相対評価や偏差値を利用した入学試験が過度の競争を生んだことに対する批判から，絶対評価の見直しや新しい評価法の開発が行われるようになった（田中，2008）。

（2）対象と目的

教育評価を実施するにあたっては，評価の対象及び目的を考える必要がある。

まず評価の対象については，児童・生徒といった学習者だけでなく，授業，カリキュラム，さらには学校や社会へと広がっている。例えば，大学や高等学校においては，学生や生徒が自分の受講している授業及び教師を評価することが珍しくない。それは，授業は教師と学習者の相互作用によって行われるものであり，教師が学習者を評価するだけでなく，教師も評価されることによって授業改善へと結びつくという考えが根底にある。同様に，授業はカリキュラムの一部分であり，教育目標，教育内容とその組織原理，教材，指導形態と方法，教職員組織や施設・設備といった要因と複合的にかかわりながら成立している。それゆえ，カリキュラムも評価の対象となりうるし，地域や保護者による学校評価も行われている。

また教育評価の目的は，選別のため，査定あるいは位置づけのため，指導あるいは研究のための，三つに大別できるだろう。このうち選別のための評価は，入学試験や成績順のクラス分け等，順位をつけて上位下位を明確にすることが主眼とされる。したがって評価の方法も，選択式のペーパーテスト等，客観的な得点がつけやすい方法が中心となる。

査定あるいは位置づけのための評価は，選別のために行うのではないが，学習者の学力や適性，性格等に対する特徴や相対的な位置を明らかにしようとする。そこでは，標準化されたテストや心理検査が主たる方法となる。ここでいう標準化とは，心理学や統計学に基づく一般的な手続き，例えば予備調査による設問の設定，および結果の分布や分類に偏りが生じないように処理することをいう。

これらに対して，指導あるいは研究のための評価とは，子どもの学力や態度形成のために，指導において評価を取り入れることである。それゆえ評価は単元や学期末だけでなく，指導の過程において随時実施される。その方法もテストのほかに，ノートやワークシート，あるいは口頭でのやりとりや教師や他者による観察等がある。さらに，このような評価は指導者である教師や授業の効果そのものを判断するためにも利用される。特に，新たなカリキュラムや教材開発，従来にない授業展開を試みたときに行う評価は，子どもに対する評価であると同時に研究的な側面も有している。

16－2　教育評価の種類

（1）個人に対する評価

　今日における教育評価は，その対象と目的の両面をふまえて，表16－1のように分類できる。このうち入学試験や調査書は，個人を対象とした選別を目的とした評価といえる。入学試験では，ペーパーテストを用いて各教科の学力を問う場合が多いが，推薦試験やAO（Admission Office）試験においては，面接や小論文が中心となる。調査書は，高等学校や大学へ進学する際に作成が義務づけられているが，そこでは特別活動等における顕著な実績を得点化することもある。

　知能検査や適性検査といった心理検査及びCRT（Criterion Referenced Test）等の名称でよばれる標準学力検査は，個人に対する査定や位置づけを目的としている。それらの結果は，単元や授業を構想する前提として活用される場合が多い。また学校における評価ではないが，各種の検定試験も，そ

表16－1　教育評価の種類

対象／目的	選別	位置づけ・記録	指導・研究
個人	入学試験 調査書	心理検査（知能・性格等） 標準学力検査 資格試験・検定	単元・期末テスト 指導要録・通知表 到達度評価
授業 カリキュラム 学校		学力調査	授業評価 カリキュラム評価 学校評価

れぞれの分野における一定の力量に達しているかを査定するために用いられる。これらの中には漢字や英語だけでなく，資格ともかかわるさまざまな内容の検定があり，学習への動機づけの役割も果たしている。

　単元や学期の終わりに行われるテストや，指導要録及び通知表は，個人に対する査定や位置づけとともに，指導あるいは研究のための評価という面を合わせもっている。テストにおいては得点や順位が出るが，子どもに対しては特に誤答の復習が重要である。どの問題をなぜ間違ったかを明らかにすることは，習得のための手だてを考えることにつながる。それは，子どもに対する評価とともに教師の授業改善にも役立てられる。指導要録及び通知表についても，記録や連絡のためだけではなく，教師による指導のための資料という役割も含まれている。

　到達度評価は，指導あるいは研究のための評価という面が強い。特に，1980年代に京都府を中心に行われた到達度評価運動は，授業づくりや学校づくりのように単なる評価論にとどまらない役割を果たしていた。その背景には，ブルーム（B. S. Bloom）らによる『**教育目標の分類学**』（1973）があり，認知領域（知識－理解－応用－分析－総合－評価），情意領域（受け入れ－反応－価値づけ－組織化－個性化），精神運動領域のそれぞれについて，目標が示されている。具体的にはまず，到達目標とよばれる目標づくりから始められる。それは，発達段階を見通した認知面及び情意面の全体的な目標から，各単元や教材に即した詳細な目標に至るまでの系統性がある。また，単元計画や学習指導案づくりにおいて到達目標とともに評価をどのように行うかが考えられ，指導と評価が一体となった学力及び人格の形成が目指される。

（2）授業，カリキュラム，学校に対する評価

　授業評価は，学習者ではなく授業そのものに対する評価である。それは，同僚教師や研究者によって行われる場合と，授業を受けた児童・生徒や学生による場合とがある。同僚教師や研究者による場合については，研究授業の観察や授業記録の分析のように，研究的な側面が強くなる。これに対して，授業を受けた児童・生徒や学生による評価は，学習者自身の姿勢や態度についての自己評価とともに，教師の接し方，説明や板書の仕方，説明のわかり

やすさ等を中心とした質問紙によって評価されることが多い。それは授業の改善だけでなく，組織の点検・評価と改善をねらいとするファカルティ・ディベロップメント（Faculty Development: FD）や教員に対する評価に使われることもある。

またカリキュラム評価は，各学校におけるカリキュラムの実施及び成果について，教育目標に即して行われる。そこでは，観察や調査を行ってカリキュラム改善へと役立てる指導あるいは研究が主たる目的となる。さらに学校評価においては，保護者や学校評議員によって，授業評価やカリキュラム評価に加えて，教職員の姿や地域との連携，施設や設備といった環境面についても評価される。これらの評価は，学校改革への手がかりとしても用いられており，特に P(Plan) – D(Do) – C(Check) – A(Action) という一連のサイクルが強調されている（田中・根津，2009）。

最後に，直接には児童・生徒を対象とするが，個々人よりも集団の結果を分析することを目的とした評価として，学力調査がある。今日，学力調査は広く注目されているが，そのきっかけとなったのが2000年より経済協力開発機構（Organisation for Economic Co-operation and Development; OECD）によって実施された生徒の学習到達度調査（Programme for International Student Assessment; PISA）である。また，国際教育到達度評価学会：International Association for the Evaluation of Educational Achievement; IEA）によって実施されている国際数学・理科教育動向調査（Trends in International Mathematics and Science Study; TIMSS）も国際調査として知られている。

国内においては，1961（昭和36）～1964（昭和39）年度にかけて，全国一斉学力調査が行われた。その後悉皆調査は行われなかったが，PISAの影響で国内での学力調査の動きが活発になり，2007（平成19）年4月に全国学力・学習状況調査が実施された。そこでは，小学校6年及び中学校3年生に対して教科（国語，算数・数学）に関する調査及び生活習慣や学習環境等に関する質問紙調査が行われ，以後も理科の実施や家庭環境との関係等を加えながら継続している。これらの学力調査においては，国際間及び国内の地域における違いや，学習と意欲や態度との関係，社会階層による影響といった点について，集団の傾向を把握する点が特徴である。

16-3　教育評価の方法

(1) 評価者と評価用具

　上記のような各種の評価は，どのように行われるのであろうか。それを考える視点として，評価者，用具，手続きの三つがある。このうち評価者については，通常の授業では教師を評価者と考えるのが一般的である。しかし，評価は教師によって行われるとは限らない。子ども自身による自己評価もあるし，学級の仲間同士による相互評価もある。

　自己評価は，学習や生活に対する自らの取り組みを評価することであり，自らが評価の主体となる点が特徴である。客観性をどのように保障するかという課題を抱える一方で，他者にはわかりにくい自身の変化や内面についてとらえることが，自己評価では可能となる。また何をどのように評価するかについて，自身が主体的にかかわらざるをえなくなり，このことは学習への意欲や動機づけとも関連する。

　仲間同士による**相互評価**についても，相手の気づかない点を見つけることや，それらを指摘し合うことで，教師の評価とは異なる学び合いがみられる。さらに，評価は教師や子どもといった学校の当事者ばかりでなく，第三者による評価も可能である。例えば，心理検査や学力調査では作成者が評価者となることもあるし，学校評価等の場においても第三者の役割は大きい。これらは，評価の中立性という点で有効であるとともに，教師が，子どもによる自己評価及び相互評価，さらには第三者による評価を組み合わせて利用することで，多面的な評価も可能になるであろう。

　評価の用具については，入学試験や学力調査，あるいは単元・学期末テストのような場合には，ペーパーテストが中心となる。その際，得点や順位の厳密性を重視する場合には選択式の問題が，解答者自身が考えたり意見を述べたりすることを重視する場合には記述式の問題が作成される。テストではないが，児童・生徒が授業中に書いたノートやプリント，あるいはレポートによって評価が行われることもある。また心理検査においても，質問紙が用いられることが多い。近年では，タブレットコンピュータの画面に直接入力するCBT（Computer Based Test）という方法も開発されつつある。

　これらに対して，総合的な学習の時間を中心とした評価として，**ポート**

フォリオ評価が実施されている。ポートフォリオ（portfolio）とは，紙ばさみや書類入れを意味しており，子どもの学びの過程を示す資料が収集される。具体的には，テスト，ノート，レポートにとどまらず，観察記録や感想メモ，スケッチや写真，児童・生徒が取材したインタビュー記録や収集資料，調査の結果，製作物等がある。また，教師が作成した自己評価用紙や相互評価用紙，子どもによる学習成果の発表記録も含まれる。評価は，学びの過程において随時行われ，ポートフォリオも学習が進むにつれて質・量ともに充実することになる。

　さらにこれとも関連して，**ルーブリック**（rublic）を用いた**パフォーマンス評価**があげられる。ルーブリックとは，達成度を判断する基準であり段階尺度に分けることを意味する。パフォーマンス評価においては，例えば西岡（2008）に記されているように，「A　時代や社会背景を考えて人物の行動や心情を説明している。」「B　人物の心情を，その人物が置かれていた状況やエピソードと関連づけて説明している。」「C　説明がなく，自分の感想に終わっている。」といった，具体的な文脈の中で知識やスキルを使いこなせるかが基準に即して評価される。その背景には，ウィギンズ（G. Wiggins）らによって提唱された，仕事や生活の場といった文脈をシミュレーションしつつ評価する「**真正の評価**（authentic assessment）」論がある。

　このような評価を行うためには，ポートフォリオとともに評価者による観察も重視される。観察は，パフォーマンス評価だけでなく，授業中の雰囲気や児童・生徒の様子，表情等の態度を評価する際にも行われる。また，子どもの思考過程や内面の状態を把握する際には，評価者が対面して直接聞き取ることや，言語の発達が不十分な幼児等に対して，観察や対話による評価が行われる場合もある。

（2）評価の手続き

　評価の手続きについては，絶対評価と相対評価が，さらには単元の流れに即した診断的評価，形成的評価，総括的評価がそれぞれある。

　絶対評価とは，定められた目標や基準について，どれだけ達成したかを評価することである。これに対して**相対評価**とは，他者との比較を通して行われる評価のことをいう。例えば，教科のテストを行った際，子どもがよく理

解している学級であれば，高得点者も多く出るはずである。これを5段階評価にする場合，絶対評価においては，「5」や「4」といった評価が多くなる。ところが相対評価になると，たとえ90点をとったとしても，他の子どもの半数以上が100点満点であれば，学級内の順位は低くなり，その子どもの成績は「3」より下がる。逆に得点が低い場合でも全体の成績が低ければ，5段階の評価は高いこともある。これは問題の難易や理解度だけでなく，子どもの属する集団にも影響を受けるので，仲間の得点が低ければよい，低くなればよい，という考えにつながりかねない。

　日本では，相対評価が学校の評価においても中心であったが，現在は絶対評価が取り入れられている。絶対評価は，目標にどの程度達しているかを評価するので，先に述べた到達度評価の方法として用いられる。また，一人ひとりの学習の変化を把握するために，個人内評価も強調されている。個に応じた指導が重視されるなか，子どもの長所や進歩を評価することは，個性を把握するという点でも重要である。個人内評価にも教師による評価と子どもの自己評価とがあるが，いずれも子どもの意欲の向上へと結びつけられる。

　単元の流れに即した評価においては，まず**診断的評価**が行われる。ここでは単元に入る前の段階で，学習者である子どもについて，どの程度の知識をもち，関心や意欲はどうであるかといった点が評価される。それによって，学習者個人や集団の目標及び課題が設定される。

　形成的評価にはさまざまな意味があるが，共通しているのは学習の過程において行われる評価ということである。各単元においては，小目標に沿った確認テストが行われ，子どもの習得状況を明らかにして，つまずきがあれば個別の指導が行われる。確認テストは，ペーパーテストだけでなく，授業中の教師による問いかけや観察によって随時行われてよい。それによって，時には目標や時間配分，指導や評価の方法が変更されることもある。

　総括的評価は，単元末のまとめに行われる評価である。学校で通常行われるテストも，総括的評価にあたる。ここでは目標に対する個々人の到達状況とともに，集団内での位置や順位も示され，成績や単位の認定等にも使用される。また，総括的評価は教師自身にとっても，次への目標づくりという点で重要である。それは，次の単元へと進む際の診断的評価の役割を果たすとともに，同一単元を別の授業で行う際にも参考となる。このように三つの評

価それぞれによって，P–D–C–A のサイクルが構成されている。

16–4　評価結果の記録と保存

(1) 指導要録

　評価の結果をまとめ，それを活用するための書類として，**指導要録**がある。指導要録は，学校教育法施行規則第 24 条に規定されている表簿であるので，校長は一人ひとりの学習及び健康の状況について作成し，学校に備えつけなければならない。

　学籍簿に代わって指導要録が制定されたのは 1949（昭和 24）年であり，その後，基本的には学習指導要領の改訂に合わせて指導要録も改訂されている。現行の指導要録は，2019（平成 31）年に，文部科学省より通知が出され，参考様式も示されている。

　指導要録は，「学籍に関する記録」と「指導に関する記録」からなり，前者の保存期間は 20 年間，後者の保存期間は 5 年間である。「学籍に関する記録」には，児童・生徒の氏名，性別，生年月日，現住所，保護者氏名，さらには入学から卒業までの経歴に関して記載する。また高等学校指導要録については，各教科・科目等の修得単位数についての記録も行う。

　小・中・高等学校の「指導に関する記録」は，「各教科の学習の記録」「外国語活動の記録（小学校のみ）」「総合的な学習（探究）の時間の記録」「特別活動の記録」「行動の記録（小・中学校のみ）」「総合所見及び指導上参考となる諸事項」「出欠の記録」の各項目がある。

　「各教科の学習の記録」には，「観点」（観点別学習状況）と「評定」とがある。観点別学習状況とは，学習指導要領に示す各教科の目標に照らして，実現状況を観点ごとに評価するものである。各教科の観点は，「知識・技能」「思考・判断・表現」「主体的に学習に取り組む態度」を中心につくられている。それぞれの観点の評価は，ABC の 3 段階による目標に準拠した評価で行う。「評定」については，中・高等学校においては 1〜5 の 5 段階評価，小学校においては 1〜3 の 3 段階評価を行う。これらはいずれも絶対評価であるとともに，小学校 1・2 学年については評定は行わない。

　「外国語活動の記録」は，小学校 5・6 年生が「外国語」として教科化さ

れたことに伴い，3・4年生を対象に設けられた項目である。そこでは評価の観点を記入したうえで，児童にどのような力が身についたかを文章で記述する。「総合的な学習（探究）の時間の記録」には，「学習活動」「観点」及び「評価」の欄があり，いずれも文章で記述する。「特別活動の記録」については，「学級（ホームルーム）活動」「児童（生徒）会活動」「クラブ活動（小学校）」「学校行事」の項目が設けられている。「行動の記録（小・中学校）」も，「基本的な生活習慣」「健康・体力の向上」「自主・自律」「責任感」「創意工夫」「思いやり・協力」「生命尊重・自然愛護」「勤労・奉仕」「公正・公平」「公共心・公徳心」の項目がある。これらについては，十分満足できる状況にあると判断される場合に○印をつけることとされている。

「総合所見及び指導上参考となる諸事項」には，「各教科（科目）や外国語活動（小学校），総合的な学習（探究）の時間の学習に関する所見」「特別活動に関する事実及び所見」「行動に関する所見」「進路指導に関する事項（中・高等学校）」「取得資格（高等学校）」「生徒が就職している場合の事業所（高等学校）」「児童（生徒）の特徴・特技，部活動（中・高等学校），学校内外におけるボランティア活動など社会奉仕体験活動，表彰を受けた行為や活動，学力について標準化された検査の結果（高等学校は『検査に関する記録』）等指導上参考となる諸事項」「児童（生徒）の成長の状況にかかわる総合的な所見」があり，児童・生徒の優れている点や長所，進歩の状況を中心に記載する。「出欠の記録」については，授業日数，出席停止・忌引等の日数，出席しなければならない日数，欠席日数，出席日数について記載する。

（2）通知表と調査書

指導要録が，教師の指導及び記録という性格を有するのに対して，児童・生徒及び家庭に対する連絡という役割をもつのが**通知表**である。通知表には法的な根拠がなく，その作成は各学校にゆだねられている。かつては，指導要録の内容を要約した形式が多かったが，近年は評価観の多様化によって，指導要録の内容とは異なる独自の形式をとる通知表もみられる。

また，生徒が進学する際に，入学試験の資料として上級学校の校長宛に送付する書類が**調査書**（内申書）である。高校入試において調査書を作成する

ことは，学校教育法施行規則第78条及び第90条に規定されており，大学入試についても文部科学省通知「大学入学者選抜実施要項」において，出身学校長が生徒指導要録等に基づいて作成した調査書を入学者選抜の資料として提出することとなっている。これらの調査書も絶対評価を基本としているが，入学試験においては偏差値や順位が合否や志望校選定の材料となるため，相対評価も重視されているのが実状である。

　通知表や調査書に限らず，評価は子どもにとってときに酷なものとなる。どんなに客観的な方法をとったとしても，また，その評価は現時点での位置づけであり今後の向上のための手だてであったとしても，評価結果が子どもの人生を左右したり，内面に深い傷を負わせたりする可能性がある。教師をはじめ評価に携わる者は，このことを忘れてはなるまい。

［樋口直宏］

【引用・参考文献】
Bloom, B. S., Hastings, J. T., & Madaus, G. F., 1971／梶田叡一・渋谷憲一・藤田恵璽 訳
　　『教育評価法ハンドブック：教科学習の形成的評価と総括的評価』　第一法規　1973
西岡加名恵 編著　『「逆向き設計」で確かな学力を保障する』　明治図書　2008
田中耕治　『教育評価』　岩波書店　2008
田中統治・根津朋実 編著　『カリキュラム評価入門』　勁草書房　2009

第17章

視聴覚メディアの教育利用

　今日学校教育におけるコンピュータ・情報通信ネットワークの利用は，学習・指導の支援ツールとしてその定着化が進められている。2017年版小学校及び中学校の学習指導要領総則では，「児童生徒の発達の段階を考慮し，言語能力，情報活用能力（情報モラルを含む。）等の学習の基盤となる資質・能力を育成するため，各教科等の特性を生かし，教科等横断的な視点から教育課程の編成を図るものとする」ことを明記している。これは情報活用能力を，言語能力と同様に「学習の基盤となる資質・能力」と位置づけていることを意味する。また同総則では，「各学校において，コンピュータや情報通信ネットワークなどの情報手段を活用するために必要な環境を整え，これらを適切に活用した学習活動の充実を図ること」も明記しており，今後学校のICT環境整備とICT活用の学習・指導への取り組みはより本格的になっていくと考えられる。

　一方，私たちが日常的に耳にする「コンピュータ」「情報通信ネットワーク」「情報技術」のような言葉は教育分野において突然注目を集め，その利用の必要性が指摘されたわけではない。そこには時代の背景や歴史，また基礎となる理論が存在する。ここでは，教育分野における情報技術利用の議論の前身ともいえる視聴覚教育について検討し，教育において情報技術を利用

する本来の意図を理解する。

17-1　視聴覚教育

　「視聴覚教育」と聞くと，英語教育や理科教育のように，ある特定の教科領域を意味するように聞こえるが，教科領域をさす言葉ではない。『教育工学事典』（日本教育工学会，2000）によると，**視聴覚教育**は「視聴覚メディアを利用する教育方法の総称」であり，「視聴覚メディアの利用やメディア開発などのメディア単体の利用から，コンピュータやマルチメディアなどの新しいメディアを含む授業設計，教育メディア環境の設計などより幅広い概念」としてとらえる。そして，第二次世界大戦以降に広まった「視聴覚教育」の研究は，技術の進歩や研究領域範囲の広がりによって，その定義は時代や研究者によって違いは存在するが，本書では『教育工学事典』の定義を取り入れる。

　以下では，「視聴覚教育」がなぜ教育分野で注目されたのかに焦点をあて，その起源と理論的基礎を検討する。

(1) 視聴覚教育の起源——コメニウスと『世界図絵』

　世界最初の挿絵入りの教科書とされるコメニウス（J. A. Comenius: 1592-1670）の『**世界図絵**』（1658年）は，視聴覚教育の起源とされる。彼が生きた時代は学問的用語とされるラテン語による教育が中心であり，そこには子どもの感覚や経験は無視された。コメニウスはこの中世の「言語中心主義」の教育に反対して感覚や経験に訴える教育方法を主張し，その考えに基づき作成したのが『世界図絵』である。この挿絵入りの教科書は，自然と社会の実際現象を忠実に描いた絵や図で年齢の低い子どもでも図示という方法を用いて感覚的に理解できるように配慮したものである。それは実物から知識を学ぶことができないとき，補助となる具体的な教材としてつくられたものである。このようなコメニウスの教育方法的な工夫は，実物などに触れ感覚や経験を通して事物を理解する「直観主義」の教育観をつくった。そして，このようなコメニウスの考えはルソー（J. J. Rousseau: 1712-1778）の「合自然性」の教育[1]，ペスタロッチ（J. H. Pestalozzi: 1746-1827）の「直観教

図17−1　世界図絵──『5―空気』

大気₁はおだやかにそよぎます。風₂は強く吹きます。暴風₃は木を倒します。つむじ風₄はグルグル回ります。地下の風₅は地震を引き起こし，地震は倒壊をもたらします。

授」[2]，フレーベル（F. W. A. Fröbel: 1782-1852）の幼児教育における「恩物」の考え[3]に受け継がれた。

（2）視聴覚教育の基礎──デールと経験の円錐

　今日の視聴覚教育の基礎は，第二次世界大戦中にアメリカ軍事教育において映画，スライド，レコードなどを利用しその効果を実証した研究から構成された。戦争時に短時間で兵士の訓練効果を上げるためには，言語的教材だけではなく，視聴覚的教材を提示することが必要と考えられ，実際視聴覚教材の効果が研究的にも裏づけられたのである。戦争が終わり，教育分野でも同様な教育効果が期待され，特に映画教材による学習は視聴覚教育の始まりとされる。そして，視聴覚教育の基礎的理論は，デール（E. Dale）の『学習指導における聴視覚的方法』（1948年）で紹介された「**経験の円錐（cone of experience）**」に集約される。

　デールによれば，人間のすべての経験は具体と抽象のスケールの間にあり，経験の根底をなすものは具体的・直接的な経験，すなわち感覚的経験である。「経験の円錐」では，一番下に「直接的・目的的経験」があり，だんだん上に上がるにつれ，経験は抽象的になり，最上部の抽象的・間接的な経

図17-2　経験の円錐

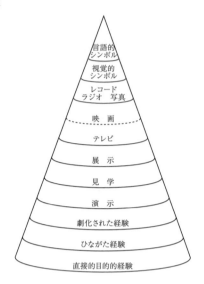

験の「言語的シンボル」がある。また，経験の円錐の下部から頂点に至る11段階は，学習が難しくなることを意味するのではなく，感覚的経験と抽象化の程度を現している。これは，言葉に内包される様々な具体的・知覚的体験が，その言葉の真の理解を促進するものであり，その教育的手段として視聴覚教育の有効利用が謳われているものである[4]。

17-2　学校教育における視聴覚メディア

　視聴覚教育では，学習および指導において視聴覚メディアを有効に活用することが中心課題とされる。そして，最近の視聴覚メディアは技術革新により，次から次へと新しいメディアが現れ，学校教育では新しいメディア利用に追われているのが実情ともいえる。ここで，新しいメディアは突然誕生したものではなく，従来のメディアからの進歩である。また，古いメディアが新しいメディアに取って代わったからといって，古いメディアの利用を支えていた学習および指導上の考え方がなくなるわけではない。そこで，学校教育における視聴覚メディア利用を考えるためには，まず従来の機器・技術との接点を理解することが必要であろう。

以下では視聴覚メディアとその関連用語，そして新旧メディアの接点について整理するとともに，授業における視聴覚メディア利用の実践例を検討する。

（1）視聴覚メディアと関連用語
① 視聴覚メディア
　視聴覚メディアの例としては，印刷物，写真，図，絵，ポスター，実物の標本，模型，紙芝居，黒板の板書，スライド，OHP，オーディオカセット，CD，ラジオ，テレビ，ビデオ，映画などがあげられる。また，今日教育現場でのその活用が求められているコンピュータも視聴覚メディアとして位置づけられる。しかし，複数のメディアを統合するという従来のメディアにはない特性をもつコンピュータは，視聴覚メディアとして位置づけられながらも，その利用を考慮する際には独立した領域として扱われる傾向がある。

② 教授メディア
　1980年代に入り教育分野においてコンピュータを中心とした多くのメディアが導入され，教授・学習において，日々進化する多様なメディアをいかに活用するかが議論の焦点となった。そこで，教授・学習過程において視聴覚メディアの効果を高めるために用いられるメディアの意味として，教授メディアの用語が頻繁に使われるようになった。

③ マルチメディア
　「マルチメディア」は次の三つの意味で使われている。①テレビ，ビデオ・デッキ，OHP，スライドプロジェクタ，映画，本などのいくつかのメディアの集合体，②「フレキシブルネットワーク」と「マルチモード」の特性をもつコンピュータ，③コンピュータを中心に，スキャナ，音声入力装置，CDプレーヤー，レーザーディスクプレーヤーなどの周辺機器を組み合わせたシステムを意味する。また，新聞上での「マルチメディア」の意味には，表現形態が複数あるという意味が強いが，コンピュータ・情報の分野でいう「マルチメディア」はビデオ，スチル，アニメーション，音声，文字のような表現形態を複数扱える能力をもつコンピュータである傾向が強い。

④ **情報コミュニケーション技術（ICT）**

情報技術（Information Technology; IT）とほぼ同意であるが，通信技術の急速な発展によって浮上した言葉であり，最近の政策文書で共通用語とされる。ICTはコミュニケーション能力を強調したメディア（例えば，インターネット，携帯，テレビ電話など）を意味することが多いが，従来の視聴覚メディアも含んでおり，視聴覚メディアより広意の用語である。

（2）視聴覚メディアの発達

上述したように，視聴覚メディアという用語には歴史的に古いメディアもあれば，最新のメディアも含まれる。また，技術進歩により，視聴覚メディアより頻繁に用いられる新たな用語も現れることが確認できた。この歴史的変遷が著しい視聴覚メディアについて，井上（2006）は新旧メディアの比

表17-1　視聴覚メディア新旧比較（井上，2006）

	従来からの視聴覚メディア		新しい視聴覚メディア	
視覚メディア	カメラ	［フィルム］	デジタルカメラ	［新記憶媒体］
	OHP	［TPシート］	OHC	［ケーブル］
	スライドプロジェクタ	［スライド］	液晶プロジェクタとパソコン	［ケーブル］
			文字放送受信機	［電波］
			FAX	［電話回線］
聴覚メディア	レコード・プレーヤー	［レコード］	CDプレーヤー	［コンパクトディスク］
	テープ・レコーダ	［磁気テープ］	MDプレーヤー	［ミニディスク］
	ラジオ受信機	［電波］		
	固定電話	［電話回線］	携帯電話	［電波］
視聴覚メディア	ビデオ・デッキ	［ビデオカセット］	DVD	［デジタル多用途ディスク］
	16ミリ映写機	［16ミリフィルム］	レーザーディスク・プレーヤー	［レーザーディスク］
	8ミリ映写機	［8ミリフィルム］		
	テレビ受信機	［電波］	ハイビジョン受信機	［電波］
			双方向有線テレビ	［ケーブル・電話回線］
			携帯端末でのテレビ受像	［電波］
			マルチメディア型コンピュータ	［CD-ROM・ケーブル］

較を行い，表 17-1 のようにまとめている。

　表 17-1 であげられたメディアのほかにも多くの視聴覚メディアが存在しており，今後も新たなメディアは開発され，教育現場で続々導入されるだろう。そこで，より重要なのは視聴覚メディアの種類やその分類の理解に加えて，そのメディアが実際の学習・指導場面にどのように結びつくかを考えることである。以下では，教室授業において視聴覚メディアの利用例を検討する。

（3）視聴覚メディアの利用——英語活動における例

　下記の学習指導案は，小学校の総合的な学習の時間において英語活動のために視聴覚メディアを活用した学習指導案である（日本教育工学振興会，2008，pp. 36-37）。利用されたメディアは主に DVD プレーヤー，CD プレーヤー，プロジェクター，スクリーンと身近なメディアである。この授業では

指導略案

●単元指導計画（全 6 時間）
（1）「いったいこれは何？」という英語の表現に慣れ親しむ。（本時）…………1 時間
（2）「えいごリアン」Web ページのゲームや歌を通して英語をしっかり聞き，英語表現に慣れ親しむ。………………………………………………………………2 時間
（3）基本表現（What's this? It's a ～）のスキット（寸劇）を作る。……………1 時間
（4）交流用 Web ページの掲示板を使って「これなんだ？クイズ」を出題する。
　………………………………………………………………………………………2 時間

●本時の目標と展開＜本時はその 1 時間目＞平成 16 年 6 月 17 日　児童数 19 名
・教師や番組の登場人物が話す内容を聞き取ろうとする。
・英語の表現（What's this? It's a ～）を使って質問したり，答えようとする。
・楽しんで活動に取り組むことができる。
・教師や友だちと意欲的にコミュニケーションをとろうとする。

学習活動	子どもの活動	指導上の留意点（◇評価）
①はじめのあいさつ	○あいさつをする。 ○あいさつキャッチボールをする。 I'm（fine, good, hungry, sleepy）.	・あいさつをする。 ・ボールを投げながら問いかける。 　How are you? Good！ ◇意欲的に発言しようとしているか。

②番組視聴		「えいごリアン4〜ふしぎなものが，いっぱいあるね！〜」を視聴する。	
③「これなんだ？」クイズ		○クイズに答えながら「What's this ?」のたずね方や「It's〜」の答え方に親しむ。	・本時の英語表現を使ったクイズを出題する。プレゼンテーションで表示しながら，英語表現を繰り返し使う。 ◇写真が何なのかを考え，発言しようとしているか。
④「記憶力」ゲーム		○2人1組で行う。自分が選んだカード3枚を5秒間で記憶する。その後，裏返したカードが何なのか質問してくるので答える。終わると答える役を交代する。違う相手ともゲームをする。	・子どもたちにわかりやすいようにゲームのルールを説明する。 ・声をかけて子どもの意欲を高める。 ◇友だちとの英語を使った活動を通してコミュニケーションの楽しさを味わうことができたか。
⑤おわりのあいさつ		○英語の歌を歌う。 ・seven steps ○ふり返りカードに記入する。 ○あいさつをする。 See you.	・CDをかける。 ・あいさつをする。 That's all for today. See you. ◇ふり返りカードに学習を通してわかったことや感想を書くことができたか。
実践環境	ソフトウェア 使用形態：ツール，教材提示 ソフト名：Power Point, Internet Explorer, NHK番組「えいごリアン」，Webページ「えいごリアン」，「Japan UK Live」 使用OS：WindowsXP, Me, 98	ハードウェア 使用機種：デスクトップPC 19台，ノート型コンピュータ1台 周辺機種：DVDプレーヤー，CDプレーヤー，プロジェクター，スクリーン	教室整備 使用教室：普通教室，コンピュータ教室 ネットワーク：インターネット利用

「英語の『いったいこれは何？』という表現に慣れ親しみ，楽しみながら友だちとコミュニケーションを取る」ことを指導目標とし，いくつかの視聴覚メディアを組み合わせている。

この授業における視聴覚メディアの利用については，次の2点に注目したい。第一に，使用されたメディアは高度な技術的な操作を必要としないために，現在の学校教育で実践可能性が高い点である。これは，学習および指導において視聴覚メディアを利用することは先端メディアを用いた特別な活動であると考える傾向があるが，視聴覚メディアを選択する際に重要なのは高度なメディアを利用することではなく，そのメディアが学習・指導活動を支援することができるかである。第二に，新旧の視聴覚メディアの組み合わせによる指導の展開である。番組視聴と記憶力ゲームのような従来のメディアと，DVDプレーヤー，CDプレーヤー，プロジェクター，スクリーン，そしてパソコンのような比較的新しいメディアとの組み合わせによる指導は，学校教育において視聴覚メディアの日常的な利用可能性を示唆する。

［李　禧承］

【注】
1) ルソーは，社会の定める規則ではなく，子どもの「自然」の歩みに沿って教育を行うことを推薦する。そして，児童期には「消極」的に，つまり子ども本来の「自然」の歩みから逸脱を示した場合にのみ介入する「消極教育」の考えを示す。
2) ペスタロッチは「自然そのものの直観こそが，人間的教授の真実の基礎」とみる。それは，教授の出発点が子どもの生活経験や身近な現実にあることを示唆する。
3) フレーベルは，子どもにふさわしい様式としての遊びは個々の子どもの孤立した遊びではなく，母親と子どもの相互作用としての遊びが重要だという。そして，その遊びを通しての相互作用のために，「恩物」が考案された。
4) 山本（2011），pp. 71-72

【引用・参考文献】
Commenius, J. A., 1658／井ノ口淳三 訳　『世界図絵』　平凡社　1995
Dale, E., 1948／有光成徳 訳　『学習指導における聴視覚的方法』　政経タイムズ社出版部　1950
井上智義　『視聴覚メディアと教育方法 Ver. 2』　北大路書房　2007
川合治男　「教授メディアとその活用」　長谷川栄・佐々木俊介 編　『教育の方法と技術』　（pp. 132-146）　協同出版　1992

櫛田磐・土橋美歩 『視聴覚教育』 学芸図書 1988
日本教育工学会 編 『教育工学事典』 実教出版 2000
日本教育方法学会 編 『現代教育方法事典』 図書文化 2004
田中博之・木原俊行・山内祐平 『新しい情報教育を創造する』 ミネルヴァ書房 1993
文部科学省 「小学校学習指導要領（平成29年告示）」「中学校学習指導要領（平成29年告示）」（http://www.mext.go.jp/a_menu/shotou/new-cs/1383986.htm）
山口榮一 『視聴覚メディアと教育』 玉川大学出版部 2004
山本富美子「明快で論理的な談話に見られる具体化・抽象化操作——Edgar DALEの「経験の円錐」の論理的認知プロセスをめぐって」 アカデミック・ジャパニーズ・ジャーナル3（pp. 67-77） 2011

第18章

インストラクショナル・デザイン（ID）の理論と方法

18-1 IDの定義とそれが注目される背景

インストラクショナル・デザイン（Instructional Design; ID）とは，教育を短期間に効率よく効果的に行う手法の総称，もう少し詳しくいえば，教育活動の効果・効率・魅力を高めるための手法を集大成したモデルや研究分野，またはそれらを応用してよりよい学習支援環境を実現するプロセスのことであると定義することができる。IDは，ある一人の教育研究者によって独自に提唱された特定の理論，あるいは一つのまとまった理論体系ではなく，さまざまなモデルや理論を集積したもの，換言すれば，教育工学研究の諸成果を教育活動の効果・効率・魅力を高めるという観点から整理し，手法として提案したものとみなされる。まず教育の目的・目標を確認し，達成すべき課題を明確化し，計画を立てる。次に学習者の特徴，学習課題の内容，教育環境や資源の制約等を考慮したうえで，最適と思われる教育方法を選択し，授業を実践・評価する。そして教育効果を学習者の行動変容も含めて把握して，以後の教育方法，あるいは教授－学習過程の改善に役立てる。さらに以上の Plan-Do-See サイクルを繰り返す。IDでは，例えばこうした一連のプロセス——これをインストラクショナル・デザイン・プロセス（Instructional Design process; ID プロセス）とよぶことができる——を実現するためのノウハウが，手法として集大成されているのである。

　ID は，日本においては比較的新しい学際的分野である。ただしアメリカにおいて ID は，そもそもは成人を主な対象とした教育実践において導入されて以来，すでに長い歴史をもち，また教育工学の中心的な研究領域，あるいは鍵概念の一つとして位置づけられてきた経緯がある。

　アメリカでは，およそ 40 年以上前から，軍隊での訓練プログラムや企業の社員研修で盛んに ID が活用され，十分な成果を収めてきたといわれている。アメリカにおいて ID は，低コストで短期間のうちに即戦力の人材を養成するという社会的ニーズを満たすべく，学習者に対して，効率的かつ効果的に特定の知識・技能を習得させるための方法論として，その研究と実践が開始されたのである。もちろん ID によって開発された教授システムは，ある程度までは，対象者や学習内容に限定されない汎用性の高いものとみなされたので，学校教育にも適用可能であると考えられた。そして教育諸科学において ID の研究は，特にスキナー（B. F. Skinner）によるプログラム学習教材の設計開発とそれを引き継ぐ以後の取り組み（例えば CAI や CMI の研究）と関連しながら，授業設計・計画モデルや教授方略の研究の一環として行われるようになった。こうした動きは，日本にも影響を与えたのであり，例えばコンピュータ・プログラミングの発想に基づく教授フローチャートの活用（沼野一男），ブルーナー（J. S. Bruner）の発見学習理論に基づく教科別実践モデルの研究（水越敏行），教材内容を習得しやすさの観点から分析するコメット法の開発（坂元昂）等が行われた。

　そして日本では，2000 年ごろから，インターネットの急速な利用拡大を背景とした e ラーニングによる遠隔教育の普及に伴い，その開発・実践原理となりうる理論として，また実効性を高めるための手法として，ID が本格的に注目されるようになった。インストラクショナル・デザインという片仮名言葉が，そのまま用いられるようになったのも，このころからである。特に企業内教育と高等教育（大学）における受講条件の緩和（例えば社会人大学院生を受け入れるための時間と場所への配慮），費用対効果，教育の質の向上が検討されるなかで，その実現手段の一つとして e ラーニングが期待を集めることとなり，単独の e ラーニングコースワークや e ラーニング

と対面講義・演習をミックスしたブレンディッド・ラーニングの形式を取り入れたコースワークが試行・運用されることになった。しかし情報通信環境の整備の上に，お金をかけて見栄えのよいコンテンツ（教材）をつくっても，それだけでは実質的な効果が期待できないという問題状況が生じ，その克服が急務となった。そこで良質なeラーニングコースワークを提供するために，IDの各種知見を活用することが求められたのである。近年日本では，IDとeラーニングの両方に関連した書籍が，アメリカ流のマルチメディア教材開発手法についての専門書（原題 *Multimedia-Based Instructional Design*，邦訳書名『インストラクショナルデザイン入門』）やアメリカの大学院でもっとも使われているID教科書（後述）の翻訳も含めて，次々と刊行されており，それに関するパイオニア的な研究も急ピッチで進められている。IDに注目しつつ，独自にe-の環境下における教育学，すなわちe-Pedagogyを構想する試みも関連学会を中心として始まっている。ただし日本の教育現場に目を向けると，eラーニング実践を質の高いものにする専門職（「教育の専門家」）として，学習者と「内容の専門家（subject matter expert）」をつなぐ役割を担うインストラクショナル・デザイナー（instructional designer）の数が，アメリカに比して絶対的に不足しているのが現状であり，認定制度を含む養成・研修カリキュラムの策定とその早期実施が望まれている。

18-2　代表的なIDモデルとその活用

（1）ADDIEモデルとその発展

　もっとも一般的かつ基本的なIDモデルとしては，ADDIEモデル（図18-1参照）をあげることが妥当である。これは，上述したPlan-Do-Seeサイクルを精緻化したPlan-Do-Check-Actionサイクル（デミング・サイクル）に類似したものであり，IDプロセスの基本的な流れを過不足なく説明している。ADDIEとは，次の五つのフェーズの頭文字に対応している。

　　① 分析（Analyze）　　学習者の特性や学習課題の分析
　　② 設計（Design）　　学習目標の設定や教授アプローチの選択
　　③ 開発（Develop）　　インストラクションのための教材の作成

図 18-1　ADDIE モデル

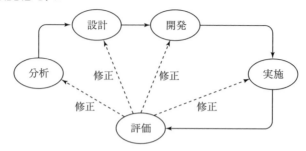

　　④　実施（Implement）　　教授の実施や教材の提示・配付
　　⑤　評価（Evaluate）　　教材が当初の目的を達したかどうかの確認

　ADDIE モデルでは，この 5 段階を必要に応じて繰り返すことで，よりよいインストラクションが実現すると考えられている。もちろんそのつどの評価結果を受けて，それぞれの段階に必要な修正を施すことになる。

　そして歴代の ID モデルの多くは，実はこの ADDIE モデルを発展させたものであるといってよい。特にディック（W. Dick）らのインストラクショナル・システム・デザイン（Instructional System Design; ISD）・モデル（図 18-2 参照）は，その典型例である。アメリカの「ID 教科書」"The Systematic Design of Instruction" においてディックら（Dick et al., 2008／角 監訳, 2004）は，ID の流れを次の 10 段階に分けた直線型の ISD モデルを提案している。

図 18-2　ディックらの ISD モデル

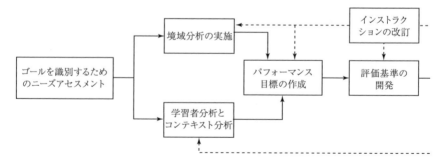

① ゴールを識別するためのニーズアセスメント　学習者がどのようなニーズをもっているかを分析する。そのニーズを満たすという観点から，インストラクションを終了したときに，学習者は何ができなければならないかを定義することで，教育ゴールを設定する。

② 教育分析の実施　ゴールを明確に設定したうえで，それを達成するために学習者が行うことを順を追って細かく分析し，構造化する。そのためには，受講する以前の前提として，学習者には，どのような知識，技能，態度が必要であるかを明らかにする必要がある。

③ 学習者分析とコンテキスト分析　教育ゴールの分析と並行して，学習者それ自体，学習者が知識や技能を学習する状況，学習した事項を活用する状況について分析する。知識や技能を学習する場面とそれらを実際に活用する場面とでは，おかれている状況が異なることが多いので，後者の場面における学習者の知識・技能のレベルや態度を分析する必要がある。このことは，教授方略を決定するための重要な準備情報をもたらす。

④ パフォーマンス目標の作成　上述した三つのステップに基づいて，学習終了後に，学習者ができるようになることを具体的に記述する。パフォーマンス目標では，観察可能な行動を表現する言葉を使用し，学習終了後の評価をしやすくする。すなわち技能を適用する際の状況や条件，そして求められるパフォーマンスのレベルを決める基準を具体的に提示する。

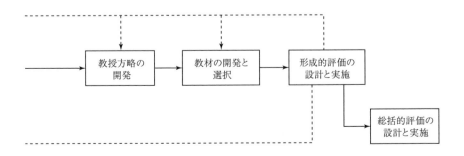

⑤ 評価基準の開発　パフォーマンス目標が達成されたかどうかを判断するための評価基準を作成する。またそれを確かめる評価方法も選定する。目標に対して，どのようなテストを実施するか，その内容も含めて開発する。

⑥ 教授方略の開発　パフォーマンス目標を達成するために，どのような教授方略を採用するかを決定する。教授方略の開発は，1回ごとの授業におけるマイクロデザインであり，教育実施前の活動，情報の提示，演習とフィードバック，テスト，フォローアップ活動等が含まれる。学習理論研究の最新の成果を参照しながら，使用するメディアの特徴，教育内容，学習者の特徴等を考慮し，適切な教授方略を開発する。

⑦ 教材の開発と選択　教授方略が決まったら教材を作成する。学習の種類に応じて，既存のものから選択するか，あるいは新規に開発するかを決定する。教材には，教科書，学習者マニュアル，ワークブック，テスト等が含まれる。なおここでいう教材とは，印刷メディアだけでなく，視聴覚メディアやコンピュータを使ったもの，さらにはWebページといったすべての形式をさす。

⑧ 形成的評価の設計と実施　インストラクションの第1段階を開発した後に，それを改善するために一連の評価，すなわち形成的評価を行う。これは，学習者に，実際に教材を使ってもらい，どのくらい効果があったのかについてのデータを収集するもので，一対一評価，小集団評価，実地評価の三つがある。

⑨ インストラクションの改訂　形成的評価の結果，このままでは学習者の目標達成が困難であることが判明した場合は，インストラクションの欠陥とその原因を特定する。収集したデータと照合して，パフォーマンス目標とテスト項目を再検討することも必要である。そして教授方略の見直しを図り，改訂することで，より効果的なインストラクションを実現させる。

⑩ 総括的評価の設計と実施　学習者が実際に教育を受け終わった段階で，インストラクションの効果を総合的に評価する。総括的評価は，IDプロセスが完了した後の評価である。これは，IDに携わった人ではなく，独立した担当者が行う外部評価であり，したがってIDプロセス

自体にとって不可欠なステップというわけではない。

さらにディックらのISDモデルの改良版としては，ケンプ（J. E. Kemp）らによって提示された螺旋状，あるいは曲線型のモデルに加えて，ラピッド・プロトタイピング・モデルをあげることができる。これは，IDプロセスを短縮化し，試作品をつくり，それを何度もテストし，修正を加えていくことで，効果の高い教育システムを開発する方法であり，ソフトウェアや教育製品を開発する手法として主に使用される。そのメリットは，インストラクションに使用される教材の開発中に，継続的な，あるいは形成的なフィードバックを求めるので，開発中という比較的修正が容易なうちに問題を見つけ出すことができ，時間や費用の節約を図ることができる点にある。設計－作成－内部評価－レビューのサイクルを3回繰り返して，徐々にプロトタイプの完成に近づけていくアレン（M. W. Allen）の3段階連続接近法が代表的である。

（2）ARCSモデル

ケラー（J. M. Keller）のARCSモデルは，教育活動の魅力を高めることに焦点をあてた最初のもので，学習意欲の問題と対策を次の四つの要因に整理し，各要因に対応した動機づけの方略及び設計手順を提案している。ARCSとは，四つの要因の頭文字に対応している。

① 注意（Attention）　　「おもしろそうだな」の段階
② 関連性（Relevance）　「やりがいがありそうだな」の段階
③ 自信（Confidence）　 「やればできそうだな」の段階
④ 満足感（Satisfaction）　「やってよかったな」の段階

ARCSモデルによれば，学習者の意欲を高めるためには，授業の導入段階だけではなく，その全体に工夫が必要ということになる。上述した四つの要因を適切に組み合わせることによって，学習者は，授業に魅力を感じ，高い意欲を維持して学習することができると考えられている。

上述してきた以外にも，例えば反応－学習－行動－結果というカークパトリック（D. Kirkpatrick）の4段階評価モデル，著名な認知心理学者であるブランスフォード（J. D. Bransford）らによって開発されたジャスパー教材の利用を支えるSTAR遺産モデル，社会的構成主義に基づくコリンズ（A.

Collins）の認知的徒弟制モデルをはじめとして，数多くの ID モデルが提案されている。しかし実際に活用する段階では，特定の ID モデルにのみ依拠するのではなく，学習者のおかれている状況に合わせて，いくつかのモデルを組み合わせていく柔軟性が必要である。どのような状況にもあてはまる ID のベストモデルは存在しないからである。

18-3　ガニェの ID 理論

　ガニェ（R. M. Gagné）は，主にフロリダ州立大学で活躍した著名な学習心理学者で，ID の生みの親と言われる人物である。ウェイジャー（W. W. Wager）――ガニェの学習階層分析を拡張したアイディアである教授カリキュラムマップの発案で知られる――らとの共著書 "*Principles of Instructional Design*" 等において展開されたガニェの ID 理論は，特定の理論的立場に固執することなく，有効な研究成果は何でも取り入れるという折衷主義的な姿勢の産物であり，さまざまな教授場面で使用されている。そのポイントとしては，次の 2 点をあげることができる。

　第一は，学習成果が次の五つに分類されていることである。①から③までが認知領域，④が情意領域，⑤が運動領域の学習成果である。

① 知的技能　　理解したことを実際にあてはめる，あるいは学んだルールを未知の事例に適用する能力のことで，手続き的知識に相当する。

② 認知的方略　　自分の学習状況を把握して，問題解決の方略を見つけ出したり，学習活動をコントロールしたりすることで，学習技能，あるいはメタ認知とよばれる。

③ 言語情報　　名前，年号，事実等の与えられたデータを覚え，再び記述するという低次ではあるが，より高次の学習のための前提となる知識のことで，宣言的知識に相当する。

④ 態度　　あらゆる物事や状況等に対する肯定的，あるいは否定的な感情のことであり，ある行動を選ぶときの基準となる。

⑤ 運動技能　　認知活動を伴い，身体を動かして一定のパフォーマンスを実行することである。

第二は，次の九つの教授事象がとりあげられていることである。
① 学習者の注意を喚起する　学習者が注目するように刺激を与え，情報の受け入れ態勢をつくる。学習者の興味・関心と学習内容をつなげることが重要である。
② 学習者に目標を知らせる　学習目標を提示し，重要な情報に集中させる。目標に関連する質問をし，学習成果の意義とその具体例を提示する。
③ 前提条件を思い出させる　すでに学習した関連事項を思い出すとともに，新しい事柄を学ぶために必要な知識や技能を確認し，学習内容の概要を提示する。
④ 新しい事項を提示する　何を学習するのかを具体的に，しかも図表やイラストを使ってわかりやすい形で知らせることで，学習成果にかかわる活動を促進する。
⑤ 学習の指針を与える　ヒントやアドバイスを与えることで，学習者が，すでに知っていることと新規の学習内容を結びつけることができるように配慮する。
⑥ 練習の機会をつくる　学んだことを頭の中から取り出し，実際にできるようになるために，いろいろな場面で問題を解決する力をつける。
⑦ フィードバックを与える　学習成果についてのフィードバックを与え，問題点を指摘し，改善につなげる。間違いを通して，学習を深めることを目指す。
⑧ 学習の成果を評価する　学習の成果をテストによって確かめる。次のステップに進むことの可否を判定するので，学習内容を習得したかどうかの確認に主眼がおかれる。
⑨ 保持と転移を高める　学習成果を長持ちさせ，さらに応用が利くものにする。また自分が学習したことを振り返り，反省材料にする。

ガニェは，学習成果を五つに分類することにより，どのような目標を設定すべきか，その目標はどの学習成果に相当するかが明らかになり，さらに適切な教授方略の選択が可能になると考えていた。またガニェは，九つの教授事象をとりあげ，効果的に学習を進めるためには，この順番に従って教授方略を準備することが重要であると主張している。ガニェの ID 理論は，学習

成果の5分類と九つの教授事象を提示し，それぞれによって学習の条件が異なることを概念化している点で特徴的である。

そしてガニェのものはもちろん，例えばTICCITプロジェクトを支えたメリル（M. D. Merrill）の画面構成理論と学習オブジェクトの考え方を採用した彼の教授トランザクション理論，教授活動へのズームレンズ・アプローチとでもいうべきライゲルース（C. M. Reigeluth）の精緻化理論，シミュレーション型の学習環境をつくるための設計理論であるシャンク（R. G. Schank）のゴールベース（ド）・シナリオ理論等を含む主要なID理論は，ライゲルース編（第3巻のみ共編）の通称「グリーンブック」*"Instructional-Design Theories and Models"* 全3巻と通称「イエローブック」*"Instructional Theories in Action"* において紹介されている。

18-4　IDの実践的意義と今後の可能性

すでに明らかなように，IDのモデルや理論には，その基盤となる学習理論上の立場も含めて，さまざまな種類がある。本章でとりあげたのは，たとえ主要なものではあっても，その一部分に過ぎない。ただそのいずれもが，教育に対する工学的・システム的アプローチであるという点では共通している。そして学校教育，とりわけ各教科の授業実践にIDの考え方を導入することによって，授業者である教師には，次の三つの取り組みが要請されることになる。

① 目標を明確化する　何をどこまでどのように教えるかについて，常に明確に，できるだけ具体的に定義する。

② 科学的な根拠やデータを重視する　経験と勘にばかり頼るのではなく，むしろ科学的な根拠やデータを重視することにより，研究によって効果の実証された教材や指導法を使ったり，自らの仕事にとって建設的なフィードバックが数多くもたらされるような仕組みを整えたりする。

③ データに基づいて改善する　科学的に効果があると実証された教材や指導法であっても，盲目的に信じるのではなく，自分の担当する学習者に試してみて学びが進まないようであれば，どこかに改善の余地があると疑うべきである。

このようにIDは，教師が，成功的教育観の立場から授業を計画し，実施し，評価し，改善することを可能にする。IDは，教師に対しては，「教えたつもり」からの脱却を促し，その結果として学習者に対しては，今日の教育改革動向に即した言い方をすれば，確かな学力を保障するのである。

　ところで現在の日本においてIDは，上述したように，eラーニング環境を設計するために活用されることが多い。今後においてIDは，まずは，やはり主としてeラーニングとともに発展していくことが予想される。相乗的にグローバル化が進む知識基盤社会に適応するための教育イノベーションが求められている今日，eラーニングには，それに貢献するだけのポテンシャルが備わっている。そしてeラーニングが一時的な流行に終わることなく，人の学びを根本から変えていく手段として発展するためには，eラーニング実践にIDのモデルや理論を存分に活用すること，また優れたeラーニング実践から得られた知見を応用することでIDの研究が進展し，新たな設計原理の開発・提案にまで至ることが期待される。

[助川晃洋]

【引用・参考文献】

Dick, W., Carey, L., & Carey, J. O., 2008／角行之 監訳 『はじめてのインストラクショナルデザイン：米国流標準指導法 Dick & Carey モデル』 ピアソン・エデュケーション 2004

Gagné, R. M., Wager, W. W., Golas, K. C., & Keller, J. M., 2005／鈴木克明・岩崎信 監訳 『インストラクショナルデザインの原理』 北大路書房 2007

鄭仁星・久保田賢一・鈴木克明 編著 『最適モデルによるインストラクショナルデザイン：ブレンド型eラーニングの効果的な手法』 東京電機大学出版局 2008

日本教育工学会 編 『教育工学事典』 実教出版 2000

島宗理 『インストラクショナルデザイン：教師のためのルールブック』 米田出版 2004

第 19 章

情報コミュニケーション技術 (ICT) の教育利用

19-1　教室の ICT 環境

　本章を読んでいる読者は，現在，教職課程の「教育の方法及び技術（情報機器及び教材の活用を含む。）」に相当する科目を受講中であることと思う。では，講義で使用されている教室を見回して，大型提示装置（電子黒板）・個人用端末（ノートパソコンなど）・無線 LAN（いわゆる「学内 Wi-Fi」など）は，備わっているだろうか。備わっているとすれば，これからの初等中等教育の学習環境を学び，模擬するための準備が整っているといえる。

　ICT 活用の進展に伴う当面の課題検討のため，2020 年代に向けた教育の情報化に関する懇談会が開催され，同懇談会は 2016 年 7 月に「「2020 年代に向けた教育の情報化に関する懇談会」最終まとめ」及び「教育の情報化加速化プラン：ICT を活用した「次世代の学校・地域」の創生」を発表している。

　前者では，2017 年告示の新学習指導要領実施に向けて，普通教室における「Stage3」の ICT 環境整備を提言している（表 19-1 参照）。後者では，大学等がその課程において学生に教員の免許状授与の所要資格を得させることの適否を確認する「教職課程認定の審査の際に，「情報機器及び教材の活

表19-1　普通教室のICT環境整備のステップ（イメージ）
文部科学省「「2020年代に向けた教育の情報化に関する懇談会」最終まとめ（案）概要」より

Stage1	Stage2	Stage3	Stage4
電子黒板 （大型提示装置）	電子黒板 （大型提示装置）	電子黒板 （大型提示装置）	電子黒板 （大型提示装置）
各教室PC1台	グループ1台 可動式PC	学びのスタイルにより 1人1台可動式PC	1人1台可動式PC （家庭負担？）
無線LAN	無線LAN	無線LAN	無線LAN等？
－	個人フォルダ？	個人フォルダ	（個人フォルダ）

用」を含む授業科目において活用可能な施設・設備について確認できるようにする」と述べている。これは，2015年12月の中央教育審議会答申「これからの学校教育を担う教員の資質能力の向上について：学び合い，高め合う教員育成コミュニティの構築に向けて」における，「養成段階は「教員となる際に必要な最低限の基礎的・基盤的な学修」を行う段階であること」を受けている。

すなわち，本章執筆時点では未だ制度化はされていないが，本書の対応科目の一つである「教育方法」も上記の「「情報機器及び教材の活用」を含む授業科目」に該当しており，教職課程受講学生が教員になった際に困らないように先を見越し「Stage3」以上の環境整備が求められている。「Stage3」のICT環境を備えた普通教室で教育を行えるようになるための学修が「教員となる際に必要な最低限の基礎的・基盤的な学修」とされているのである。

また，教育におけるICTの活用は，国内では，教育振興基本計画（後述）に盛り込まれ継続的に取り組まれてきた。さらに，これからも発展的に取り組まれることとなっている。現代的課題への対応として，国際的にも，2016年5月に行われたG7倉敷教育大臣会合において，「倉敷宣言」が採択され，「教えや学びの改善・向上策」の「技術革新に対応した教育」に，「24．我々は，社会的・経済的に不利な状況に置かれていたり，心身の事情その他の理由により学校に通えていなかったりする学習者の個に応じた多様な学びのニーズに応えるためのICTの利活用を強く奨励する。ネットワークを通じて，世界の子どもたちとの双方向の学びの機会の増大や教員間で他

国の優れた教育実践の共有が実現できるなど，ICTが持つ遠隔教育の可能性を我々は評価する」という文言も盛り込まれている。

では，ICTの活用やICTの活用のできる教員（の力量）が，なぜこれほどまでに重要視されているのであろうか。本章ではこの疑問に答えるため，以下，教育におけるICT環境整備の観点から現状と目標，目標が達成されたときに実現される教育を順に確認していく。その先に，自分＝教員の具体的な「未来」として，「未来の教育」及び「未来の働き方」をイメージしてもらいたい。

19-2　教育におけるICT環境整備

まず，ここまで使用してきた用語を改めて確認したい。「ICT」とは，「Information and Communication Technology」の略語で，一般的には，「情報コミュニケーション技術」と和訳されている。文部科学省は，教育関連施策において，「コンピュータやインターネット等の情報通信技術のこと」と定義している（文部科学省「教育の情報化ビジョン」）。また，教員向けにも「コンピュータやインターネットなどの情報通信技術」と説明している（文部科学省「学校における教育の情報化の実態等に関する調査」）。

以下，「ICT」という用語は，文部科学省による「コンピュータとインターネット」を中心とする端的な定義に基づき，用いていく。

本節では，この「ICT」の環境整備の目標（整備方針）と現状（達成状況）を確認したい。先に結論を示しておけば，現状は目標とかけ離れており，また，過去においても環境整備に係り掲げられた目標が十全に達成されたことはない。これを教育現場の実際として理解しておいてほしい。

文部科学省では，「初等中等教育における教育の情報化の実態等を把握し，関連施策の推進を図る」ことを目的に「学校における教育の情報化の実態等に関する調査」を行っている。2018年8月に「平成29年度学校における教育の情報化の実態等に関する調査結果」が公表された。このうち「学校におけるICT環境の整備状況」の項目に関する結果を参照し，ここから現状を読み取ろうと思う。

整備状況を表すものとして「教育の情報化の実態に係る主な指標」が定め

られており,「指標(全学校種)」には,「教育用コンピュータ1台当たり児童生徒数」,「普通教室の無線 LAN 整備率」,「超高速インターネット接続率(30Mbps)」,「普通教室の電子黒板整備率」,「統合型校務支援システム整備率」,そして,「教員の ICT 活用指導力」が挙げられている。項目名から想像しにくい後者二つは,それぞれ,「教務系(成績処理,出欠管理,時数管理等),保健系(健康診断票,保健室来室管理等),学籍系(指導要録等),学校事務系などを統合した機能を有しているシステム」の整備状況と,「教員の ICT 活用指導力の基準(チェックリスト)」(教員の ICT 活用指導力の基準の具体化・明確化に関する検討会「教員の ICT 活用指導力の基準の具体化・明確化:全ての教員の ICT 活用指導力の向上のために」)の大項目5点(「A 教材研究・指導の準備・評価などに ICT を活用する能力」,「B 授業中に ICT を活用して指導する能力」,「C 児童・生徒の ICT 活用を指導する能力」,「D 情報モラルなどを指導する能力」及び「E 校務に ICT を活用する能力」)に基づき教員が下した自己評価の状況とをそれぞれ表す指標である。なお,「全学校種」とは,「小学校,中学校,義務教育学校,高等学校,中等教育学校及び特別支援学校」のことである。

　指標ごとの全国平均値は,表19-2のとおりである。「超高速インターネット接続率(30Mbps)」に比して「普通教室の無線 LAN 整備率」に,「教員の ICT 活用指導力」に比して「普通教室の電子黒板整備率」に不足が見られる。整備が一体となって進んでいないさま,そして,ボトルネックの所在が見えてくるものである。

表19-2　指標ごとの全国平均値と目標値

指標(全学校種)	全国平均値	目標値
教育用コンピュータ1台当たり児童生徒数	5.6人/台	3.0人/台
普通教室の無線 LAN 整備率	34.4%	100%
超高速インターネット接続率(30Mbps)	91.5%	100%
普通教室の電子黒板整備率	26.7%	100%
統合型校務支援システム整備率	52.7%	100%
教員の ICT 活用指導力	76.5%	100%

文部科学省「学校における教育の情報化の実態等に関する調査」「平成29年度学校における教育の情報化の実態等に関する調査結果」より

ここに併記した「目標値」とは，第3期（2018～2022年度）の教育振興基本計画における「目標値」である。第3期教育振興基本計画では，2022年度末までに現在の「全国平均値」から始め「目標値」を超えることが目指されている。
　では，これは，（このまま）達成可能な「目標値」であるのか，それとも，達成困難な「目標値」であるのか。過去の目標値及びその達成状況に照らして考えてみたい。
　内閣設置の高度情報通信ネットワーク社会推進戦略本部「e-Japan戦略」を見てみよう。この「戦略」は，「我が国が5年以内に世界最先端のIT国家となることを目指」す重点政策を表したものである。ここでの「IT」とは「情報通信技術」をさすものとされており，本章の「ICT」とほぼ同義語として理解して構わない。同「戦略」には，先述の調査と重なる目標項目が掲げられていた。その達成状況は表19-3のとおりとなっている。
　厳密には目標項目も異なり，調査方法も異なるので単純な比較はできないことを注記しつつも，10年以上前に達成目標とされていた目標値に関して，現在（2017年度結果）においても十分な達成を果たされていないことが確認できる。このことは，さらに過去に遡ってみても，その時期に普及している技術の変化に対応し，求められる技術水準による目標項目の違いこそあれ，達成状況と目標の関係は同様である。
　教育におけるICT環境整備は，このように長期にわたり課題設定され，

表19-3　「e-Japan戦略」の目標値と達成状況

目標項目	2001年3月 e-Japan戦略開始	2006年3月 e-Japan戦略終了	e-Japan戦略における目標値
コンピュータ1台当たりの児童生徒数	13.3人/台	7.7人/台	5.4人/台
校内LAN整備（無線であることは問われていない）	8.3%	50.6%	概ね100%
高速インターネット接続率（144kbps以上30Mbps未満）	12.9%	89.1%	概ね100%
コンピュータを使って指導できる教員の割合	40.9%	76.8%	概ね100%

目標値を定めその目標を達成するべく数々の施策において進められてきた。特に，ここまで度々その表記が登場した，「教育の情報化」として推進されてきている。上記の調査や戦略もその一部かつ一環である。それは現在も推進され，「未来の教育」において「できること」（教育環境的な実現可能性）を構想していく進行形の作業でもある。「未来の教員」にとっては，本節で取り上げた現状の理解に加えて，「未来の教育」の展望をより具体的に持つ必要がある。

よって，次節では，より大きな文脈で教育におけるICT環境整備に関する目標を把握するため，先述の調査における「目標値」でも参照されていた「第3期教育振興基本計画」を中心に，現在進んでいる「教育の情報化」に関する施策を確認したい。

19-3 「教育の情報化」の推進

「教育の情報化」とは，文部科学省に依拠すれば，「情報教育（子どもたちの情報活用能力の育成）」，「教科指導におけるICT活用（各教科等の目標を達成するための効果的なICT機器の活用）」，「校務の情報化（教員の事務負担の軽減と子どもと向き合う時間の確保）」の3つから構成される（文部科学省「教育の情報化に関する手引き」）。しかしながら，他方で，「教育の情報化」とは，学校教育を中心とする各教育分野における情報化に関して，政府方針に準拠し，文部科学省を含む各省庁が行っている取り組み（事業・施策）の総称でもある。本章で扱ってきた環境整備に関しても，文部科学省の挙げる構成要素を中核としながらも，より大きな文脈で論じられ推進されてきたことが既に理解されているであろう。よって，本節では，この「総称」としての広義の意味で「教育の情報化」という用語を押さえておきたい。

さて，上記の政府方針に当たるものが前節にも登場した「教育振興基本計画」である。この計画を実現するために諸目標が立てられ，各目標の達成を担う諸々の取り組みが構想され，その都度事業年数を定めて進められている。現在は，第3期（2018〜2022年度）に位置づいている。第2期（2013〜2017年度）下での取り組みの成果を踏まえつつ，目標が設定され，その目標を達成するための取り組みが順次開始している。

第3期と第2期では，どのようにICT環境整備に関する目標が変化しているのか。ここでは，2017年12月に策定された文部科学省「平成30年度以降の学校におけるICT環境の整備方針について」をもとに，表19-4のように整理した。
　これを概観して気づける違いからでも，次のことがわかる。
　授業・教科指導という点では，教育用コンピュータが学習者用コンピュータと指導者用コンピュータに分かれ，1クラス分の児童生徒が同時に使用できる台数を確保し，すべてのコンピュータに学習用ツールが導入され，非使用時には保管庫で充電・保管される運用が想定されている。さらに，教員用のコンピュータが用意され，大型提示装置（＝電子黒板：第3期より名称変更）を用いての情報提示が可能となっている。学習者用コンピュータと指導者用コンピュータ及び大型提示装置が各教室のネットワークにつながり，学校の学習用サーバにつながることで，双方向でのコミュニケーションや教育コンテンツ・成果物のやり取りが実現される。
　つまり，「電子黒板（大型提示装置）」「学びのスタイルにより1人1台可動式PC」「無線LAN」「個人フォルダ」からなる「Stage3」の学習環境である。なお，ここから，学習者用コンピュータが家庭負担となり，家庭へ持ち帰って使用する運用（学校と同じ環境での家庭学習）が実現されると，「Stage4」となる。このステップは，小さいように思えるが，学習者用コンピュータの負担を巡っては，「校具」や「教具」といった学校が備える共有物として捉えるか（設置者負担），「学用品等」といった各児童生徒個人の専有物として捉えるか（家庭負担），といった法規上の扱いの違いにも関わるため，慎重に議論が進められている。「3クラスに1クラス分程度」とは，「教具」として扱うことによる判断である。
　これら学校の環境整備目標を実現するべく組織されたのが2020年代に向けた教育の情報化に関する懇談会であり，その「最終まとめ」を受けて文部科学省は2016年8月に「教育の情報化加速化プラン:ICTを活用した「次世代の学校・地域」の創生」を策定している。
　さらに，「教育の情報化加速化プラン」の策定は，新学習指導要領の改訂・告示及び実施と共に，2016年6月に閣議決定された「ニッポン一億人総活躍プラン」のロードマップにも組み込まれている。そこでは，新学習指導要

表19-4 「教育振興基本計画」における第2期から第3期でのICT機器整備の目標の変化

第2期教育振興基本計画（2013〜2017年度）		
ICT機器	整備対象（教室等）	対象学校種
電子黒板	普通教室	全学校種
実物投影機（書画カメラ）	普通教室	
教育用コンピュータ	3.6人/台	
学習用ツール	教育用コンピュータの台数分	
無線LAN	普通教室	
校務用コンピュータ	教員1人に1台	
超高速インターネット接続	学校	
ICT支援員	配置	

↓

第3期教育振興基本計画（2018〜2022年度）		
ICT機器	整備対象（教室等）	対象学校種
大型提示装置	普通教室＋特別教室	全学校種
実物投影機	普通教室＋特別教室	小学校・特別支援学校
学習者用コンピュータ	3クラスに1クラス分程度（＝3.0人/台）	全学校種
指導者用コンピュータ	授業を担当する教員1人1台	
学習用ツール	学習者用コンピュータ及び指導者用コンピュータの台数分	
無線LAN	普通教室＋特別教室	
校務用コンピュータ	教員1人1台	
超高速インターネット接続	学校	
ICT支援員	配置	
（第3期からの新規追加事項）		
学習者用コンピュータ（予備用）	故障・不具合への備え	全学校種
充電保管庫	学習者用コンピュータの充電・保管用	
有線LAN	コンピュータ教室，職員室及び保健室等	
学習用サーバ	学校毎に1台	
ソフトウェア	統合型校務支援システム整備 セキュリティソフト整備	
校務用サーバ	学校の設置者（教育委員会）毎に1台	

領の完全実施の年である2020年度までに無線LANの普通教室への整備100%が指標化されている。

このように，教育の情報化，そして，教育におけるICT環境整備は多くの連携・協働により成り立っており，国を挙げて取り組まれている。「総動員」や「全力」として評価出来る一方で，前節で確認した目標と現状（達成状況）との隔たり，すなわち，取り組みの遅れや不備は，この一部が全部に影響する依存関係に起因するとも指摘可能である。

本節で取り上げた目標が十全に果たされるか，その保証はできない。しかしながら，実現すべき目標であり，実現しようとしている目標である以上，目標（値）が実現された際に，それによってどのように教育が変わるか，そして，それをどのように担うか，という各点を知っておくことはこれから教職に就く者として必要であろう。

つまり，ICT環境の整備方針は，全国的に実現が目指されるべき質の担保であり，その達成は過去に照らせば，懐疑的ではある。しかし，学校や自治体単位では，整備方針の基準を上回る整備状況を有し，行われているモデル実践が存在する。さらに，学習指導要領の趣旨を踏まえた理論モデル（想定）も存在している。次節では，主に授業・教科指導に関わり，このようなモデルを確認し，読者諸氏が，先の「どのように教育が変わるか」をイメージし，「どのように担うか」を考えるための一助としたい。

19-4　ICT環境整備による教育の変化，その展望

本節では，ICT環境整備により生ずるであろう教育の変化における，実現可能な授業の様子を，学校におけるICT環境整備の在り方に関する有識者会議内において組織された，効果的なICT活用検討チームによる報告「次期学習指導要領で求められる資質・能力等とICTの活用について」の理論モデルから，そして，学習場面に応じたICT活用例を，文部科学省が実施した「学びのイノベーション事業」（2011～2014年度）のモデル実践から，それぞれ確認していきたい。

本章では，紙幅の都合で授業実践例を示すことはできない。「学びのイノベーション事業実証研究報告書」の「第4章　ICTを活用した指導方法の開

発」には「各教科における指導の実践事例」が多数収録されている。報告書を入手し，是非参照してもらいたい。

　まず，報告「次期学習指導要領で求められる資質・能力等とICTの活用について」から確認していく。本報告では，「Stage3」以上の環境を想定し，かつ，個人用の可動式PCとしてタブレット型端末を想定している。その端末を教育の場に持ち込むことで実現されるものを整理・要約すると表19-5のようになる。

　児童生徒個々人での学習を深めること，個人で考えたり行ったりしていることを他の児童生徒にも把握可能なようにすることなど，タブレット型端末の導入の有り・無しによる比較の視点が暗にあり，そこから利点が示されている。導入による学習活動の変化が捉えやすい。その反面，その学習活動を

表19-5　教育用コンピュータ（タブレットPC）でできること

学習場面での行為	生じる活動あるいは効果
(1) 個別のドリル学習	計算練習や漢字練習，単語練習などは，出てきた問題に解答すれば即座に採点されるようなシステムを用いると効率的に実施できる　など
(2) 試行錯誤する	自分でいろいろ試してみて確かめることができる　など
(3) 写真撮影する	一人ひとりが観察に行った時に，対象を撮影してくることができる　など
(4) 念入りに見る	写真や画像資料の細部を，詳しく観察して学び直すことができる　など
(5) 録音・録画と再視聴	英語の発音や詩の朗読などを自分で録音し，それを自分で聞いてふり返り，改善することができる　など
(6) 調べる	インターネット利用により，すべての学習者が自分に必要な情報を閲覧することができる　など
(7) 分析する	データを表に整理したり，グラフ化して傾向を見つけたりできる　など
(8) 考える	思考ツールなどをアプリケーションにより容易に使用できる　など
(9) 見せる	自分の考えを人に伝えるときに，プレゼン資料などを作成して示しながら話すような学習を，各所で同時に進行できる　など
(10) 共有・協働する	互いのアイデアを自分のものと組み合わせたり，編集して活用したりできる　など

促す教師の教育場面に関して，導入の前後で「何を変えなくてはならないのか」のイメージの形成はこれだけでは容易ではないであろう。

そこで，ICT を活用した事例及び各学習場面における ICT 活用のポイントを整理した「学びのイノベーション事業実証研究報告書」を紐解くこととする。同じく一覧にまとめると表 19-6 のようになる。

表 19-6　各学習場面における ICT 活用のポイント

学習場面		ICT 活用のポイント	ポイントの概要
A　一斉学習（一斉指導による学び）挿絵や写真等を拡大・縮小，画面への書き込み等を活用してわかりやすく説明することにより，子どもたちの興味・関心を高めることが可能となる。		A1　教員による教材の提示	電子黒板等を用いたわかりやすい課題の提示
B　個別学習 デジタル教材などの活用により，自らの疑問について深く調べることや，自分に合った進度で学習することが容易となる。また，一人ひとりの学習履歴を把握することにより，個々の理解や関心の程度に応じた学びを構築することが可能となる。		B1　個に応じる学習	一人ひとりの習熟の程度などに応じた学習
		B2　調査活動	インターネット等による調査
		B3　思考を深める学習	シミュレーション等を用いた考えを深める学習
		B4　表現・制作	マルチメディアによる表現・制作
		B5　家庭学習	タブレット PC 等の持ち帰りによる家庭学習
C　協働学習 タブレット PC や電子黒板等を活用し，教室内の授業や他地域・海外の学校との交流学習において子ども同士による意見交換，発表などお互いを高めあう学びを通じて，思考力，判断力，表現力などを育成することが可能となる。		C1　発表や話合い	考えや作品を提示・交換しての発表や話し合い
		C2　協働での意見整理	複数の意見や考えを議論して整理
		C3　協働制作	グループでの分担や協力による作品の制作
		C4　学校の壁を越えた学習	遠隔地の学校等との交流

児童生徒における教材や教師との相互作用において，そこで登場する各要素がどのようにして ICT と置き換わるか，あるいは，各要素にどのように ICT が追加されるか，そして，その際に何が起こったかが示されている。
　機器のアプリケーション上で使用可能な，そして，ネットワークを通じて取得できる，デジタル教材などのコンテンツにも言及されている。これは個に応じる学習だけでなく，家庭学習において授業の予習・復習を行うことを支援するものである。ただし，家庭学習に関しては，端末及びインターネット接続可能な通信環境を家庭において実現する必要がある。
　学校の壁を越えた学習では，双方の学校等で同様の ICT 環境整備が進んでいる必要がある。現状未達成であり，他方，整備方針の目標が達成された際には日本全国で実施可能となることを思えば，ICT を活用した事例ならではの実践として期待が持てる。これは ICT 以外のものでは代替不能なものであるためである。
　この「ICT 以外のものでは代替不能か」という観点から ICT の活用を見ていくと，「教育用コンピュータ（タブレット PC）でできること」にも「各学習場面における ICT 活用のポイント」にも，「ICT でなくても良いもの/良かったもの」が含まれていることに気づかされるであろう。「ICT だけに可能」と「ICT でも可能」を区別し，後者に関しては，「無理に使う必要があるのか」を再考することが必要である。
　以上において，報告「次期学習指導要領で求められる資質・能力等と ICT の活用について」及び「学びのイノベーション事業実証研究報告書」を見てきた。いずれもタブレット型端末や大型提示装置とそれらを機能させるネットワーク環境が前提となっている。それゆえ，その教育実践の構想において，現在存在しているハードウェアとそのハードウェアが実現している機能に依存し，さらにそれらの機能がネットワーク環境等のインフラに制約されないことが前提条件となっていることが見て取れた。
　すなわち，ハードウェアの性能向上・機能拡大及びインフラの整備の進展が教育の「可能性」を高める，という期待が根差している。その上で実践を考えることは，〈「いまできること」＝想定される「可能性」の上限〉の中で最大限の利活用を構想するものであるといえる。

19-5　ICTと教育：手段と目的

　ICTの教育利用は，国を挙げて，複雑に取り組みを組み合わせながら進められているものである。本章では，それを国の計画に準拠し，かつ，文部科学省の考え方や取り組みに依拠して書かれている。扱った解釈や展望が絶対であったり，固定的なものであったりすると安易に理解してはいけないかも知れない。

　相対的には，例えば，総務省は「ICT」を，「学びを主体的・協働的・探究的なものにし（アクティブ），個々の児童生徒に応じた最適なものにし（アダプティブ），学びを妨げる障害を改善・克服させる（アシスティブ）など，さまざまな効果を持つツール」と定義している。この技術の定義が異なれば，その技術を用いて「為そう」とすることも変わるであろう。

　また，「ICT」は変化の激しい技術それ自体をさすものであるから，常に，定義やその語が指し示すものを始め，変動的なものとして理解しておくのが良いであろう。科学の発展や技術革新に伴い，それを用いた教育に「できること」も増え，広がっていく。

　このような状況の中，これからの学校教育を担う教員の資質能力には，新たな課題への対応が謳われているが，この「新たな」が付された「課題」は事前に与えられたものではありえない。それゆえ，この「対応」は，「新しいもの」から自ら「課題」を見出すところから始まる。

　他方で，「課題」から「新しいもの」が生み出されても良い。前節末の逆，すなわち，「可能性」の上限を打ち破るためのハードウェア及びインフラへの要求があっても良いであろう。

　いずれにせよ，「ICT」ではなく「教育」が自身の職務上の課題としてまず在ることを忘れてはならない。

［小嶋季輝］

【引用・参考文献】
中央教育審議会　「これからの学校教育を担う教員の資質能力の向上について：学び合い，高め合う教員育成コミュニティの構築に向けて（答申）」　2015
学校におけるICT環境整備の在り方に関する有識者会議 効果的なICT活用検討チーム

「次期学習指導要領で求められる資質・能力等とICTの活用について」 2017
G7倉敷教育大臣会合 「倉敷宣言」 2016
高度情報通信ネットワーク社会推進戦略本部 「e-Japan戦略」 2001
教員のICT活用指導力の基準の具体化・明確化に関する検討会 「教員のICT活用指導力の基準の具体化・明確化：全ての教員のICT活用指導力の向上のために」 2007
文部科学省 「教育の情報化に関する手引き」 2010
文部科学省 「教育の情報化ビジョン」 2011
文部科学省 「学びのイノベーション事業実証研究報告書」 2014
　　（文部科学省「学びのイノベーション事業」
　　Web Page URI＝http://jouhouka.mext.go.jp/school/innovation/
　　下部より報告書がダウンロード可能である。）
文部科学省 「「2020年代に向けた教育の情報化に関する懇談会」最終まとめ（案）概要」 2016
文部科学省 「教育の情報化加速化プラン：ICTを活用した「次世代の学校・地域」の創生」 2016
文部科学省 「平成30年度以降の学校におけるICT環境の整備方針について」 2017
文部科学省 「学校における教育の情報化の実態等に関する調査」「平成29年度学校における教育の情報化の実態等に関する調査結果」 2018
日本政府 「第2期教育振興基本計画」 2013
日本政府 「ニッポン一億人総活躍プラン」 2016
日本政府 「第3期教育振興基本計画」 2018
2020年代に向けた教育の情報化に関する懇談会 「「2020年代に向けた教育の情報化に関する懇談会」最終まとめ」 2016

第20章

教育用のICTメディアシステム

20-1 視聴覚教育における工学技術に基づくメディアの変遷

　ICT（Information and Communication Technology）メディアについて述べる前に，視聴覚教育に活用されてきた写真・映画・放送など工学技術に基づくメディアの変遷を参照したい。

　高桑は，第二次世界大戦後に文部省が作成・刊行した視聴覚教育の手引書の中にあげられたメディアの変遷をたどっている。1970（昭和45）年版『学校における視聴覚教材の利用』については，次のメディアを列挙している（高桑，1992）。写真・図絵類，実物・標本・模型，紙しばい，オーバーヘッド投映，レコード・録音，ラジオ，映画，テレビジョン，録画，新しい関連機器や装置（ランゲージラボラトリー，ティーチングマシン，反応分析装置，シミュレーター，放送設備），視聴覚活動（掲示・展示，演示，劇化，見学，自作，校内放送）である。ここには図絵類や視聴覚活動とともに，工学技術に基づく当時のメディアが列挙されている。

　上記の中の工学技術に基づくメディアは，写真・映画・フィルム技術，光学技術，ラジオ，テレビジョン，電波利用技術，音声テープレコーダやテレビ画像・音声用VTR（Video Tape Recorder）を可能にした磁気記録技術，

装置・機器への部品実装技術などにより実現されてきたと考えられる。

　小平・高橋は，NHK 放送文化研究所が 1950（昭和 25）年以来実施してきた「学校放送利用状況調査」に基づき，50 年間の学校放送利用率および各種機器の普及率を，小学校・中学校・高等学校・幼稚園・保育所につきグラフとして示している（小平・高橋，2001）。NHK ラジオ・テレビ学校放送利用率とともに，カラーテレビ普及率や 1980 年代からのパソコン普及率が同一グラフ上に示され，各種メディアの普及・利用の変遷がわかる。この調査は継続して行われている。

　文部科学省では，学校教材の整備の沿革をホームページに示している（文部科学省，2018a）。一部を引用すると，1967（昭和 42）年には各学校に基礎的に必要とされる教材の品目と学校規模に応じて整備すべき数量を示した「教材基準」を制定，1991（平成 3）年には標準的に必要とされる教材の品目・数量を示す「標準教材品目」を制定，2011（平成 23）年には参考資料として小学校・中学校・特別支援学校向けの「教材整備指針」を示している。標準教材品目の教材は共通の教材と各教科対応の教材に分けて示され，教材整備指針の教材は学校全体で共用可能な教材と各教科対応の教材に分けて示されている。写真・映画・放送など工学技術に基づくメディアと ICT メディアは，主にこれら共通の教材と学校全体で共用可能な教材に列挙されていた。

　文部科学省生涯学習政策局が企画し，株式会社リベルタス・コンサルティング（LIBERTAS）が 2010 年度に実施した「学校及び社会教育施設における情報通信機器・視聴覚教育設備等の状況調査」では，学校における次の機器・設備の保有状況を調査している（LIBERTAS, 2011）。オーバヘッドプロジェクター，教材提示装置（実物投影機），テレビ受像機，地上デジタル対応テレビ，CS 放送受信システム，BS 放送受信システム，ビデオプロジェクター，大型ディスプレイ（地上デジタル対応テレビ除く），電子黒板，ビデオカメラ，デジタルカメラ，デジタルビデオカメラ，ビデオテープレコーダ，DVD プレーヤ，DVD レコーダ，CD プレーヤ，MD レコーダ，コンピュータ，校内テレビ放送施設，携帯情報端末である。学校には，これらの機器・設備を含む ICT メディア機器が各々一定の割合で普及している。

　1980 年代初頭からパーソナルコンピュータ（パソコン）が教育界に普及

し始め，1990年代からコンピュータネットワークが普及し始めた。教育用の応用プログラムが開発され，活用されながら発達してきた。

文部科学省では毎年，学校における教育の情報化の実態等に関する調査を実施しその結果を示している（文部科学省，2018b）。学校におけるICT環境の整備状況調査は，教育用コンピュータ1台当たりの児童生徒数，普通教室の無線LAN整備，超高速インターネット接続，普通教室の電子黒板整備，教員の校務用コンピュータ整備，統合型校務支援システム整備について実施されている。

20-2　教育用のICTメディアシステム

次に，視聴覚教育におけるメディアの変遷を参考に，ICTメディアについてまとめを試みる。ICTメディアは教材というより教具の性格が強く，メディア教材・デジタル教材を使用するための環境を提供する。工学技術に直接に基づかない教材・教具を活用するとともに，これと相補的また特有の機能を持つICTメディアを活用することが望まれる。

（1）印刷機・コピー機

学習活動にプリントが使用されることは多く，校内・校外に配布する資料も多様である。資料の印刷は学校では必須であり，印刷機やコピー機が調達され使用される。限られた時間内に大量の資料を印刷する必要が生ずる。両面印刷や丁合が必要になる場合も多い。コストが安く，故障の少ない機器を選定する必要がある。PPC複写機や孔版印刷機，ラインヘッドインクジェット印刷機などが使われる。印刷機・コピー機にもマイクロコンピュータが組み込まれており，画像処理や人の操作への対応，機構制御などの処理を行う。

（2）コンピュータとネットワーク

教育情報化振興会（JAPET & CEC）では，教室におけるICT環境を図示している。機器やソフトとして，コンピュータ，書画カメラ，大画面デジタルテレビ・電子黒板，プロジェクター，指導者用デジタル教科書・教材，無

線 LAN,高速インターネット接続が示されている（JAPET & CEC, 2017）。このほか小さい被写体を拡大表示できるマイクロスコープも活用できる。

① ネットワーク

渥美によれば，LAN（Local Area Network）は企業のオフィスや工場，学校などのような比較的狭い範囲に敷設されたネットワークのことである（渥美，2017）。建物内や敷地内といった限定された地域内に設置され，サーバ，パソコン，プリンタなどさまざまな機器の間で自由に情報交換ができる。LAN の設置と運営管理は導入するユーザが主体となって行う。接続する機器は異なるベンダー（メーカーや販売代理店）のものを用いることができる。WAN（Wide Area Network）に比較して伝送速度が高速であるとその特徴をあげている。

教育情報化振興会では，無線 LAN 環境整備の留意点を示している（JAPET & CEC, 2017）。情報端末の使い方や教室の配置などの条件をもとに，事前に専門家（企業など）に電波環境の調査を依頼し，その調査結果に基づいて無線 LAN の設計をしてもらう。セキュリティ面で強固な暗号方式と認証方式を採用しているものにする。周波数帯は，5GHz 帯に対応したものがよいなど指摘している。無線 LAN は校内 LAN の一部となる。

② コンピュータ教室

特別教室は，教科別，用途別などに用意され，理科教室，図画工作教室，技術教室などは該当教科・科目で使用される。これらの特別教室の多くには教員が授業準備をするための準備室が併設されている。コンピュータ教室や視聴覚教室は，各教科で使用される特別教室である。コンピュータ教室には，パソコン，プリンタ，スキャナなどが備えつけられ，LAN によってパソコン同士が相互接続され外部のネットワークにも接続されている。プロジェクタ，書画カメラ，サブモニタなどを備えている場合もある。

教育情報化振興会では，スペースの制約がなければ，コンピュータ教室には，デスクトップ PC を整備することを勧めている（JAPET & CEC, 2017）。コンピュータリテラシーの習得，調べ学習に基づく資料やレポートの作成，図画工作・美術での作品づくり，音楽での作曲など，さまざまな教

科における作品づくりにコンピュータ教室が活用されており，このような目的のためには，キーボードやマウス，大きな画面のモニターがあったほうが作業をしやすいと説明している。

③　サーバ

植竹によれば，サーバとは，業務用の比較的大型で信頼性を重視したコンピュータのことで，WindowsやUNIX，Linux等のOSによって構築されている（植竹，2017）。サーバのOS（Operating System）上でWebサーバ，メールサーバ，ファイルサーバなどのソフトウェアが稼働し，ユーザの利用に対応する。コンピュータが使用するIP（Internet Protocol）アドレスと人間が使用するドメイン名の間の変換を行うDNS（Domain Name System）サーバは，Webサーバやメールサーバの稼働に必須の基本的なソフトである。授業支援ソフトの使用においてもサーバが必要となる場合が多い。クラウドサーバを利用することができる場合があるが，事前に授業支援ソフトの機能に制約が生じないかどうか確認が必要である。

(3) 画像・音声メディア

①　放送受信・録画システム

地上デジタル放送・BS放送・CS放送の受信・録画用機器は，NHKの教育放送や各局が放送するドキュメンタリー番組などの視聴に必須である。

渡辺・小平は2010年度NHK学校放送利用状況調査の中で，2011年7月の地上テレビ放送の完全デジタル化を控えて，学校における地上デジタル放送視聴環境の整備状況を調べている（渡辺・小平，2011）。およそ7割の学校で地上デジタル放送の視聴が可能であったとしている。完全デジタル化に対応して，アナログテレビ放送で使用してきた受信設備や受像機，録画装置は，全面的に地上デジタル放送対応の機器に更新する必要があった。

2018年12月に4K・8K衛星放送が開始され，将来，学校においても受信・視聴・録画の環境が整備される必要がある。理科・社会などで高精細度画像の価値は高いと思われる。

文部科学省・LIBERTASの2010年度調査では，校内テレビ放送施設が調査対象とされ，保有率は小学校で58％，中学校で35％との結果を示してい

る。メディア教育また放送の配信に活用できる。

② **教室用画像・音声メディア**

　講堂・体育館や視聴覚教室には画像・音声メディアが必要となる。拡声装置や画像を投影する機器から構成される。拡声装置は，有線マイクロフォン，ワイヤレスマイク，ミキサー，アンプ，スピーカーなどから構成される。人の発話を拡声するだけでなく，ビデオ映像やパソコン画像に伴う音声も拡声する場合が多くこの入力端子が設けられる。映像入力機器として書画カメラ，DVDプレーヤ，VTR，パソコンなどが用いられる。投影装置としてプロジェクターや大型モニターが用いられる。複数の入力と出力をそれぞれ切り替えて接続するためにスイッチャ装置が用いられる。レーザーポインターも教授・学習状況により活用できる。既存のOHPも点検整備が行われていれば活用が可能である。

③ **音声メディア**

　校内一斉放送設備は，各教室のスピーカーに対し，個別，ブロック別，一斉放送を指定でき，また，チャイムとタイマーを合わせた報時チャイム放送など，用途に応じた放送機能を備えている。学校における緊急校内一斉放送にも対応する場合がある。

　また，デジタルオーディオプレーヤー，ワイヤレススピーカー，携帯用拡声器，トランシーバー，ICレコーダーなども教授・学習状況により利用が必要になる。

　教室でワイヤレスマイクを利用するには，ワイヤレスマイク，チューナーが必要になる。通常，教室設備として免許が不要なB型（806〜810 MHz）及びC型（322 MHz）のワイヤレスチャネル別周波数の中から周波数を設定して利用する。B型では，6グループ全30波に分かれる。近くで同じ周波数を利用すると混信が起こるので，周波数利用について運用調整が必要である。

④ **映像メディア**

　映像メディアは，記録映像の作成やパッケージメディアの利用に必要であ

る。デジタルカメラ，デジタルビデオカメラ，DVDレコーダー・ブルーレイレコーダー，CDプレーヤ，VTRなどがある。これらの映像機器は，周辺装置・外部記憶装置としてパソコンに接続できるようインタフェースを備えていることが多い。タブレットパソコンにもデジタル写真・動画を撮影する機能があるが，学校における行事記録の撮影などには，デジタルカメラ・デジタルビデオカメラと三脚が活用できる。ビデオテープに記録された映像を視聴したり，デジタル映像化してコンピュータで保存・視聴するためには，VTRが必要である。ソフト収納戸棚・AV機器収納戸棚も整備すれば，映像メディアを効率的に利用できる。

またNHK for schoolの動画クリップ（NHK, 2018）を始め，インターネット接続されたパソコンを使用すればインターネット上のデジタル映像が多数利用できる。

⑤ ビデオ会議システム

ビデオ会議システムは，ICTにより複数の遠隔地を結んで双方向の画像・音声による会議を可能とする。遠隔地間で授業を行うこともできる。明瞭な音声の交換を行うことができる性能が必要である。専用システムでは，無指向性のマイクロフォンとスピーカー，エコー除去機能，リモコン付きの高品質ビデオカメラ，画像・音声のリアルタイムでのデジタル圧縮・復元機能等を備えている。相手方から遠隔でこちらのカメラを操作することが可能なシステムもある。マイクロソフトが提供するインターネット電話サービスであるSkype（スカイプ）でも画像・音声による対話や会議ができる。

（4）ソフトウェア

サーバやパソコン・タブレットがネットワーク接続されたコンピュータシステムを使えば，さまざまな教育用ソフトが活用できる。

① 授業支援ソフト

教育情報化振興会では，タブレット端末を授業で効果的に活用するための授業支援ソフトにつき，教員による指導を支援する機能と子どもの学習活動を支援する機能の機能をまとめ，示している（JAPET & CEC, 2017）。教員

による指導を支援する機能には，児童生徒用のタブレット端末の画面を一覧で確認する機能，デジタル教材等を児童生徒のタブレット端末に一斉に配布する機能などが示され，子どもの学習活動を支援する機能には，個人やグループで考えをまとめたり，資料を作成する機能，制作した作品や資料を先生に提出する機能などが示されている。

CALL（Computer-Assisted Language Learning）システムは，語学教授・学習を支援する。音声教材の再生と同時に学習者音声の録音を行う，ヘッドフォンを通した会話練習，グループワークなどの活動，音声分析の利用などの機能を持つ。各教科に特有の機能を持つソフトがある。例えば，音楽には作曲用のソフトなどが活用できる。

② 校務支援システム

教育情報化振興会では，校務支援システムとは「校務文書に関する業務，教職員間の情報共有，家庭や地域への情報発信，服務管理上の事務，施設管理等を行うことを目的とし，教職員が一律に利用するシステムのこと」とする（JAPET & CEC, 2017）。統合型校務支援システムによる業務改善イメージとして，従来手書きで転記を繰り返していた作業をICTで代替する対象として，名簿・出欠名簿・成績情報・通知表情報・指導要録情報を示している。また校務支援システムの運営形態は，従来型ネットワークによる場合とクラウドコンピューティングによる場合とがあることを示している。

③ データベース

上記の統合型校務支援システムで対象とするデータや図書室の蔵書書誌情報はデータベースとして作成・更新が行われる。日本教育工学協会が2014年度から取り組んでいる「学校情報科認定」の「校務の情報化」のチェックリストには，学校において保健・図書・一般事務で扱うデータや文書等がデータベース化されていることが含まれている（日本教育工学協会, 2018）。データベース化すると，学校内で業務の正確性や効率の向上に役立つデータも多いと思われる。適切なデータベースソフトの選定と組織的なデータベース管理が必要となる。

20-3　ICTメディアシステムに関する技術

　ICTメディアシステムは，物性物理学等の知見に基づく電子工学（エレクトロニクス）の発達や光学の応用技術によるところが大きいと考えられる。次に，ICTメディアシステムに関する基礎技術を見たい。

（1）半導体素子の発明と応用

　ICTを応用したメディアは急速に技術的な進歩を遂げている。代表的な装置がコンピュータであり，ハードウェアとソフトウェアから構成されている。ハードウェアは，コンピュータの物理的な構成要素をさす用語である。広く，機械，装置，設備のことをさす言葉としても使われる。ソフトウェアは，コンピュータ・プログラムや関連する文書をさす。

　理科の内容とICTの基礎を対応させてみる。ICTメディアのハードウェアの原理として電気と磁気が重要である。特に半導体を使用しその性質を応用したダイオードとトランジスタがICTの基礎部品として重要である。ダイオードはその2端子間の一方向のみ電流を通す電子部品である。トランジスタは3端子を持ち，電圧増幅器の心臓部となる電子部品であり，また，高速の電子スイッチとして使うことができる。増幅前の信号を入力する端子をスイッチ信号入力用の端子として用いることができる。電源，トランジスタ，ダイオード，抵抗器などを組み合わせてAND回路，OR回路，NOT回路などを構成し，論理ゲートとして使うことができる。1ビットの情報を保持する回路を構成することもできる。つまり，2進数1桁のとる値「0」または「1」に対応する2状態のいずれかをとる回路である。論理ゲートや情報を保持する回路の入力・出力には，例えば，電源電圧に近い「高」電圧を2進数の「1」に，アースに近い「低」電圧を同じく「0」に対応させる。このような技術を用いてコンピュータの論理回路が構成できる。大曽根は，ビット列を加工するための基本的な回路である論理ゲート，加算回路，記憶素子と記憶の原理などについて詳しく説明している（大曽根，2017）。

　指向性や収束性に優れたレーザー光を放出する半導体レーザーは，光ディスクやレーザーポインターに使用されている。光ディスクは記録データをレーザーで記録しまた読み出すメディアで，大量の情報を保存し利用するこ

とができる。

　ディスプレイには液晶や有機EL（エレクトロルミネッセンス）現象を利用した有機発光ダイオードなどが応用されている。

　デジタルカメラは，光学系（レンズ系）を通して入ってきた光を，半導体チップの集積回路である固体撮像素子で電気信号に変換する。電気信号化された画像を高速で読み出してコンピュータで扱うデータにする。

　イメージスキャナは，紙面の画像・文書等をデジタル静止画像化する機器である。反射型の場合，原稿に光を当てその反射光を撮像素子で電気信号に変換する。透過型の場合，原稿からの透過光を撮像素子で電気信号に変換する。その電気信号をアナログ−デジタル変換回路（ADC: Analog-to-Digital Converter）でデジタルデータ化しコンピュータに送る。OCR（Optical Character Recognition）ソフトウェアを利用すると，画像情報を文字コードデータに変換することができる。

（2）コンピュータの構成

　大曽根によれば，コンピュータハードウェアは，中央処理装置（CPU: Central Processing Unit），主記憶装置，入力装置，出力装置，補助記憶装置から構成されている。CPUは，制御装置と演算装置から構成される。制御装置は，プログラムカウンタ，命令レジスタ，デコーダなどから構成され，命令の取り込みや書き出しなどを制御する。演算装置は算術論理演算器や汎用レジスタなどから構成され，データの演算を実行する。主記憶装置には，読み出し専用のメモリであるROM（Read Only Memory）と読み書き可能なメモリであるRAM（Random Access Memory）の二種類の半導体メモリが用いられる（大曽根，2017）。

　演算装置は，命令レジスタに置かれた命令コードに基づいて，被演算データを処理する。例えば，算術論理演算器上におかれた2進数表現データと，命令レジスタのアドレス部分で指定されたアドレスの主記憶装置に格納された2進数表現データとの和を計算して，結果を算術論理演算器に残す，といった処理を行うことができる。

　補助記憶装置として，磁気記録によるハードディスクドライブ，半導体上の絶縁膜に電荷を蓄えるフラッシュメモリを利用したSSD（Solid State

Drive）・USB メモリ・メモリカード，光ディスクである CD（Compact Disc）・DVD（Digital Versatile Disc）・BD（Blu-ray Disc）などが用いられる。

　入力装置としてキーボード，マウス，イメージスキャナ，コードリーダ，デジタルカメラ，光ディスク，マイクロフォンなど，出力装置として画像を表示するディスプレイやプリンタなどがある。

　コンピュータと周辺装置の間にはインタフェースが置かれ双方を接続している。入出力ポートのコネクタ形状や，信号の送受信の方法（プロトコル）を決めて通信を行う。大曽根は，パソコンと周辺装置を接続する主要なインタフェースにつき説明している。（大曽根，2017）。インタフェースには，デジタル方式とアナログ方式がある。デジタル方式では，シリアル接続とパラレル接続に分けられるが，前者は1ビットずつデータを送受信し，後者は複数ビットを同時に送受信する。USB（Universal Serial Bus）インタフェースはシリアルインタフェースで，接続すれば自動的に認識されるプラグアンドプレイの機能を持ち，接続できる機器の個数は最大127個である。有線 LAN インタフェースとして，1000BASE-T や 100BASE-TX や 10BASE-T などのイーサネット規格がある。無線 LAN のインタフェースとしてIEEE802.11 がある。VGA 端子はアナログ RGB 信号をディスプレイに出力するためのインタフェースである。HDMI（High-Definition Multimedia Interface）は，映像や音声などをデジタル信号で伝送する通信インタフェースである。

（3）計測装置

　理科の教授・学習活動では計測装置が活用できる。計測に使われるセンサは，計測対象の状態を検知・計測する素子（またはデバイス）であり，自然現象や人工物の物理・化学的状態から信号を生成する。検出対象は，物体検知，温度，圧力，光，磁気，音，熱，振動，力，速度，加速度，回転数，放射線，ガスなどで，検知に使用する原理・現象によりさまざまなセンサがある。信号を電気信号に変換するものが多い。コンピュータとセンサを組み合わせて計測する場合は，コンピュータが情報を処理できるように，アナログ－デジタル変換回路を用いて電気信号をデータ化する。温度センサの一種で

ある熱電対では，二種類の金属線の先端同士を接触させて回路を作り，接合点に発生する熱起電力を信号として温度差を測定する。

20-4 プログラミング

　プログラム言語は，コンピュータに対する一連の動作の指示を記述するためのプログラムを書くのに使われる人工言語である。プログラミングに関する概念のいくつかをまとめる。

　アルゴリズムは，数学やコンピュータによる計算処理において，問題を解くための手順を定式化した形で表現したものである。一例として，ユークリッドの互除法は二つの自然数の最大公約数を求めるアルゴリズムである。フローチャートはアルゴリズムを視覚的に表現するために使われる。

　変数は，扱われるデータを一定期間記憶し必要なときに利用できるようにするために，データに固有の名前を与えたものである。変数への主要操作は，宣言・代入・参照である。

　データ構造は，データの集まりをコンピュータの中で効果的に扱うため，一定の形式に系統立てて格納するときの形式のことである。複数の要素（値）の集合を格納・管理するのに用いられる構造が配列である。

　複雑なアルゴリズムの計算をわかりやすく効率的に処理するには，プログラムがよく構造化されている必要がある。このための制御構造には，順に命令の並びを実行する（順次），何らかの条件が成立したときだけ命令の並びを実行する（選択），命令の並びを繰り返し実行する（繰返し），離れた箇所の命令の並びを実行し元の場所に制御を戻す（サブルーチン）などがある。割り込みは周辺機器などがコンピュータに送る要求の一種であり，コンピュータはこれに応じて現在の処理を中断して別の処理を行う。この場合にも命令実行の流れの変更が起きる。

　入力はプログラムが扱うデータを入力装置から読み取ることであり，出力はデータを出力装置に書き出すことである。前者は，利用者がキーボードやマウスを使いプログラムにデータを与える場合，プログラム動作でファイルからデータを読み取る場合などに対応する。後者は，プログラム動作でディスプレイに文字や画像を書いたりファイルにデータを書き込んだりする場合

などに対応する。また，ネットワークを通してコンピュータ同士が情報をやりとりする通信も，サーバやクライアントプログラムにおいては入出力機能に該当する。

20-5　ICTメディアシステムの導入・維持

　コンピュータ室，視聴覚室のICTメディアシステムを選定・導入・維持・管理するには，コンピュータや教育機器に関する専門知識・技能が必要である。校内の情報教育係や視聴覚教育係の教員が分担することが多いと思われる。校務分掌の負担が大きくなりすぎる場合には，負担を公平にする配慮が必要であろう。

　どのようなICTメディアシステムでも繰り返しの使用や年月とともに故障を生じたり老朽化し，やがて使用に耐えなくなる。しかし，メンテナンスによって，故障を早期に発見したり，機能を維持して使用可能期間を延ばすことが可能である。メンテナンスは重要である。コンピュータのカスタマエンジニアは，主にコンピュータのハードウェアの設置，保守点検や修理などを行う。電気管理技術者は，電気工作物の電気保安に関する業務を行う。情報教育係の教員は，これらの専門技術者を依頼し，共同してICTメディアシステムのメンテナンスを行うことが必要になる。

［吉江森男］

【引用・参考文献】

渥美幸雄　「ネットワークと情報システム」　魚田勝臣編著　『コンピュータ概論−情報システム入門』　第7版　共立出版　2017　177-207

一般社団法人教育情報化振興会（JAPET & CEC）　『先生と教育行政のためのICT教育環境整備ハンドブック2017』　2017.3

植竹朋文　「ソフトウェアの役割」　魚田勝臣編著　前掲書　2017　145-176

大曽根匡　「ハードウェアの仕組み」　魚田勝臣編著　前掲書　2017　99-144

株式会社リベルタス・コンサルティング（LIBERTAS）　『学校及び社会教育施設における情報通信機器・視聴覚教育設備等の状況調査報告書』　平成22年度文部科学省委託事業　平成23年3月　2011.3

小平さち子・髙橋佳恵　「教育現場にみるメディア利用の新展開〜50年を迎えたNHK学

校放送利用状況調査から〜」『放送研究と調査』 2001.4 26-59

文部科学省 「学校教材の整備」 http://www.mext.go.jp/a_menu/shotou/kyozai/（2018.10.5 参照）2018a

文部科学省 「教育の情報化の推進」 http://www.mext.go.jp/a_menu/shotou/zyouhou/（2018.10.5 参照）2018b

日本教育工学協会 『教育の情報化の推進を支援する学校情報化認定』 2018.3

NHK for school http://www.nhk.or.jp/school/（2018.10.5 参照）

高桑康雄 「教育メディアの動向」 有光成徳監修 『視聴覚教育メディアの活用』 財団法人 日本視聴覚教材センター 1992 18-28

渡辺誓司・小平さち子 「進展する教室のデジタル化と教育利用のこれから〜2010年度 NHK学校放送利用状況調査から〜」『放送研究と調査』 2011.6 58-82

情報教育事典編集委員会編 『情報教育事典』 丸善 2008

Wikipedia https://ja.wikipedia.org/wiki/（2018.10.5 参照）

◆ 索 引 ◆

人 名

アレン（M. W. Allen）　189
イリイチ（イリッチ）（I. Illich）　34
ヴィゴツキー（L. S. Vygotsky）　145
岡部弥太郎　162
ガニェ（R. M. Gagné）　190
木下竹次　144
キャロル（J. B. Carroll）　143
キルパトリック（W. H. Kilpatrick）　137
クラフキ（W. Klafki）　141
クリントン（W. J. B. Clinton）　37
ケラー（J. M. Keller）　189
ケルシェンシュタイナー
　（G. Kerschensteiner）　132
ケンプ（J. E. Kemp）　189
コメニウス（J. A. Comenius）　124, 129, 174
シルバーマン（C. E. Silberman）　34
スキナー（B. F. Skinner）　139, 184
ソーンダイク（E. L. Thorndike）　162
タイラー（R. W. Tyler）　162
田中寛一　162
ターマン（L. M. Terman）　162
ディースターヴェーク
　（F. A. W. Diesterweg）　132
ディック（W. Dick）　186
デューイ（J. Dewey）　32, 48, 121, 128, 132, 133, 137
デール（E. Dale）　175
デルボラフ（J. Derbolav）　141
長谷川榮　136
ビネー（A. Binet）　162
ブッシュ（G. H. W. Bush）　37
ブッシュ（G. W. Bush）　38
フランダース（N. A. Flanders）　112
ブルーナー（J. S. Bruner）　33, 129, 140
ブルーム（B. S. Bloom）　143,165

フレーベル（F. Fröbel）　132
ペスタロッチ（J. H. Pestalozzi）　126, 129
ヘルバルト（J. F. Herbart）　107, 127
ポランニー（M. Polanyi）　133
モレノ（J. L. Moreno）　153
ルソー（J-J. Rousseau）　125, 132
ロック（J. Locke）　131

数字・欧文

『2000年のアメリカ：教育戦略』　37
2000年の目標：アメリカ教育法　38
3R's　49
6-3制　43
8年研究　162
ADDIEモデル　185
ARCSモデル　189
CALL　215
CAN-DO項目　97
course of study　10
currere　5
curriculum vitae　5
DNS　212
e-Japan戦略　198
eラーニング　184
ICT　178,194
ID　183
IDプロセス　184
IP　212
ISD　186
LAN　211
PDCAサイクル　98
PISA　105,166
TIMSS　166
USB　218

あ

アクティブ・ラーニング　145
『暗黙知の次元』　133
生きる力　62, 69, 89, 104
移行期間　18
移行措置　18
『一般教育学』　127
印刷機　210
インストラクショナル・システム・デザイン　186
インストラクショナル・デザイン　183
インストラクショナル・デザイン・プロセス　183
映像メディア　213
エスノグラフィー　113
『エミール』　125, 132
遠隔教育　196
演算装置　217
横断的・総合的な学習の推進　63
大型提示装置　194
落ちこぼれ　56
落ちこぼれをつくらないための初等中等教育法　38
オープン・エデュケーション　142
オープン教育　142
音声メディア　213

か

外国語活動　6, 95
外国語科　96
改訂　17
課外　9
各教科　12
学習環境　194
学習指導過程　135
学習指導原理　124
学習指導要領　7, 10
学習指導要領解説　19
学習用ツール　200
学籍簿　162
学問中心主義　49
学力　105
学力低下　65
学力低下論争　90
学力テスト旭川事件判決　16
学力の三要素　69
隠れたカリキュラム　4
課題研究　62
学科課程　7
学級編制　157
学校教育法　12
学校教育法施行規則　6
学校裁量の時間　57
学校週5日制　62
『学校と社会』　32, 128
学校の人間化　35
学校評価　166
学校放送利用状況調査　212
活用　69, 90
家庭学習　200
家庭（・社会）環境調査票　154
カリキュラム　2
カリキュラム評価　166
カリキュラム・マネジメント　75, 98
観察法　156
完全学校週5日制　63
完全習得学習　143
官報　16
『危機に立つ国家』　36
キーコンピテンシー　106
規制緩和　61
キューバ危機　54
教育委員会規則　28
教育課程　2
教育課程行政　20
教育課程審議会　45
教育基本法　12
教育振興基本計画　195
教育的教授　108, 127
教育内容行政　20
教育内容の現代化　33, 54, 129
『教育の過程』　33
教育のコペルニクス的転回　32
教育の情報化　194, 210
教育の平等化　34
教育評価　111

『教育目標の分類学』 165
教科以外の活動 46
教科外活動 8
教科課程 7
教科カリキュラム 49
教科書 17, 78, 122
教科書検定制度 80
教科書裁判 54
教科書採択 81
教科書図書館 87
教科書無償給与制度 85
教科等横断的な視点 99
教科内容 122
教具 122, 200
教材 115
教材化 117
教材研究 197
教材構成 120
教材整備指針 209
『教室の危機』 34
教授学 107
教授原理 124
教授段階 127
教授の三角形 108
教授プログラム 4
教授メディア 177
行政的専門性 27
協調学習 145
協同学習 145
協働学習 145
共同採択 84
勤務評定 54
具体性の原理 131
組替え 158
グラウンデッド・セオリー 113
クラブ活動 9, 55
経験カリキュラム 48
経験主義 31, 48, 53, 129
経験の円錐 175
形成的評価 169
計測装置 218
系統学習 138
系統主義 31, 49, 53, 129
ケネディ暗殺 54

『ゲルトルートはいかにその子を教えるか』 126, 130
研究開発学校 29, 93
言語活動 70
現象学的アプローチ 113
検定教科書 8, 79
検定教科書制度 17
広域採択 84
合科 47
合議制 27
校具 200
公示 11
高等専門学校 55
高度経済成長 54
校内暴力 60
校務支援システム 197
国際数学・理科教育動向調査 166
国際理解 93
告示 16
国民所得倍増計画 54
国家防衛教育法 33
国旗及び国歌に関する法律 57
コンピュータ 196, 210
コンピュータ教室 211

さ

作文 156
サーバ 212
自己活動の原理 132
自己評価 167
指示 21
資質・能力 74
視聴覚教育 174, 210
視聴覚メディア 177
実験主義 128
質問法 155
指導・助言行政 21
児童中心主義 48
指導要録 154, 170, 197
自発性の原理 131
諮問 18
社会科 42
社会に開かれた教育課程 73, 100

自由研究　42
修身　42
習得　69, 90
主記憶装置　217
授業支援ソフト　214
授業評価　165
授業分析　111
受験戦争　56
主体的・対話的で深い学び　75
主たる教材　122
出力装置　217
順次性の原理　131
生涯学習　61
情報教育　199
情報コミュニケーション技術　178, 196
情報モラル　197
省令　11
庶物指数　130
素人統制　27
新カリキュラム　33
新幹線授業　56
審議会　18
審議会行政　25
人材開発　55
真正の評価　168
診断的評価　169
性格検査　156
生活科　62
制御装置　217
生徒の学習到達度調査　105, 166
政令改正諮問委員会　53
『世界図絵』　129, 174
是正の要求　21
絶対評価　168
全国学力・学習状況調査　100, 166
全国学力テスト　54
センサ　218
潜在的カリキュラム　4
選択教科　43
選択の機会の拡大　61
相応性の原理　131
総括的評価　169
総合学習　144
総合的な学習の時間　8, 12, 63, 89

総合的な探究の時間　91
相互評価　167
総則　12
相対評価　168
壮丁教育調査　162
ソシオメトリー　153
ソフトウェア　214, 216

■■■ た ■■■

体育の日　55
大学入試センター試験　17
『大教授学』　125
『脱学校の社会』　35
タブレット型端末　203
探究　69, 90
男女共学　42
知識基盤社会　68
中央教育審議会　48
超高速インターネット　197
調査書　171
調査法　153
直観教授　126
直観主義　174
直観の原理　129
通知表　171
ディスコース分析　113
適性検査　156
デジタル教材　205
データベース　215
電子黒板　194
伝習館高校事件判決　16
動機づけ　132
東京オリンピック　54
道具主義　128
登校拒否　60
答申　18
到達度評価　165
道徳　8, 12
道徳の教科化　72
特別活動　8, 12
特別教育活動　46

226

な

内発的動機づけ　132
ナラティブ・アプローチ　113
ナショナル・ミニマム　29
日記　156
入力装置　217
人間性　56
ネットワーク　210
能力主義　55

は

発見学習　140
発達の最近接領域　145
ハードウェア　216
パフォーマンス評価　168
班　158
反省的思考　129
反転学習　145
半導体素子　216
範例学習　141
必修教科　43
ビデオ会議システム　214
標準テスト　156
部活動　9
副読本　8, 79
『プラウデン報告』　142
プログラミング　219
プログラム　3
プログラム学習　138
文化財　117
ベトナム戦争　54
編制　7
放送受信・録画システム　212
法的規範性　16

法的拘束力　16, 22
ポートフォリオ評価　167
本質主義　129

ま

『学びのすすめ』　65
学びの地図　74
マルチメディア　177
未履修　67
『民主主義と教育』　128
無線LAN　194
面接法　155
問題解決学習　48, 136
問題型の単元学習　137

や

ゆとり　56
ゆとり教育　58
ゆとりの時間　57
幼稚園　4
幼稚園教育要領　7

ら

ライフヒストリー　113
ラピッド・プロトタイピング・モデル　189
理数科　55
臨時教育審議会　59, 60
ルーブリック　168
冷戦　54
レリバンス　35
練習　133
ローカル・オプティマム　29

編著者略歴

根津 朋実　博士（教育学）
（ねつ　ともみ）

1992年　筑波大学第二学群人間学類卒業
2001年　筑波大学大学院教育学研究科単位取得満期退学
　　　　埼玉大学講師，筑波大学講師・准教授・教授を経て，
現　在　早稲田大学教育・総合科学学術院教授

主な著書

カリキュラム評価の方法（単著，多賀出版）
カリキュラム評価入門（共編，勁草書房）
現代カリキュラム研究　第二版
　　　　　　　　　　（分担執筆，学文社）
教育課程（編著，ミネルヴァ書房）
カリキュラムの理論と実践
　　　　　　　（共著，放送大学教育振興会）

樋口 直宏　博士（教育学）
（ひぐち　なおひろ）

1988年　千葉大学教育学部卒業
1995年　筑波大学大学院教育学研究科単位取得満期退学
　　　　筑波大学準研究員・助手，立正大学講師・助教授・准教授，筑波大学准教授を経て，
現　在　筑波大学人間系教育学域教授

主な著書

実践に活かす教育課程論・教育方法論
　　　　　　　　　　（共編著，学事出版）
実践に活かす教育基礎論・教職論
　　　　　　　　　　（共編著，学事出版）
批判的思考指導の理論と実践
　　　　　　　　　　　（単著，学文社）
「主体的・対話的で深い学び」につながる授業実践集
　　　　　　　（監修・分担執筆，高陵社書店）
教育の方法と技術（編著，ミネルヴァ書房）

Ⓒ　根津朋実・樋口直宏　2019

2010年 7月 6日　初　版　発行
2019年 5月14日　改訂版発行
2024年10月18日　改訂第5刷発行

教職シリーズ 3
教 育 内 容・方 法

編著者　根津朋実
　　　　樋口直宏
発行者　山本　格

発行所　株式会社　培風館
東京都千代田区九段南4-3-12・郵便番号 102-8260
電話(03)3262-5256(代表)・振替 00140-7-44725

港北メディアサービス・牧 製本

PRINTED IN JAPAN

ISBN978-4-563-05858-6 C3337